조선시대에는
노비도
초서草書를 썼다

전규호 지음

明文堂

차례

들어가는 말

필자는 고문을 번역하는 사람으로, 하루는 명문(明文)[1]을 번역하는데, 토지를 매매하면서 말미에 서명한 세 사람, 즉 매도하는 사람과 매입하는 사람, 그리고 증인을 선 사람 모두 노비 신분인 것을 확인하고 놀라지 않을 수가 없었다.

"조선은 계급사회라는 것은 누누이 들어서 알고 있었지만 일반 평민도 잘 모르는 글씨인 초서를 노비들이 직접 쓰고 읽고 서명을 한 것을 보았으니, 이런 상황에서 놀라지 않을 사람이 어디에 있겠는가! 뒤에 성균관대학교 모교수를 만나 식사하면서, '조선조의 노비들은 초서를 쓸 줄 알았습니다.' 고 하니, 이 교수가 무릎을 탁 치면서 '바로 이것입니다. 이런 제목으로 책을 써 보시지요. 제가 유명한 출판사를 소개해드리겠습니다.' 하여, 그 뒤로부터 약 1년간 증거가 될 고문서를 모으고 이를 다시 번역하고 정리하여 약 300페이지 정도의 글을 썼다.

어느 날 노비에 대하여 인터넷에서 검색해보니 '노비열전' 등 몇 권의 노비에 대한 책이 있음을 확인할 수가 있었다. 그러나 필자가 쓴 글과 같

1 명문(明文) : 글로 명백히 기록된 문구, 또는 그런 조문(條文).

이 고문서를 직접 게시하여 보여주고, 그리고 노비가 직접 수결(手決)[2]한 책이 있는 것은 보지 못하였다.

또한 필자는 노비에 대한 고문서 열여덟 건을 지면에 게재하고, 그리고 이를 번역하여 붙이고 그 하단에 '필자 소견' 이라는 난을 만들어서 조선조 당시의 상황을 설명하면서 비판하여 붙였으니, 아마도 독자 여러분이 읽기 어려운 고문서를 이해하는데 많은 도움이 되리라 생각한다. 그리고 서두에 노비에 대한 전체적인 것을 설명하여 붙였다.

그리고 초서를 이해하기 쉽게 하기 위하여 우리들이 살아가는 대한민국을 위시하여 중국과 일본 등 동북아에서 발전한 한문의 전체, 즉 전서(篆書)·갑골문·종정문·해서(楷書)·예서(隸書)·행서(行書)·초서(草書) 등의 글씨의 생성의 원리 및 발전 과정 등 글씨에 대한 모든 것과 글씨로 이름을 날린 서현(書賢)들을 나열하여 하나의 장(章)에 넣었다.

또한 임진왜란의 참상과 병자호란에 청나라에 패전하여 무고한 백성들이 모두 어육(魚肉)이 된 사실과 일부는 포로가 되어서 청(淸)의 수도 심

2 수결(手決) : 예전에, 자기의 성명이나 직함 아래에 도장 대신에 자필로 글자를 직접 쓰던 일, 또는 그 글자.

양에까지 끌려가서 노비시장에서 팔려나간 사실 등을 한 장(章)에 넣어서 기술하였고, 그리고 노비의 신분으로 조선사회에서 대성한 인물들을 한 장에 넣어서 조선조에서는 노비도 총명하고 노력하는 자는 관가에 진출하여 출세도 할 수 있었음을 보여주었으니, 이런 광경을 세계 어느 나라에서 찾아볼 수가 있겠는가!

또한 호구단자와 수묘(守墓 : 묘지기) 등의 고문서를 게재하여, 노비는 성(姓)이 없고 이름만 상전(上典)인 주인의 호구단자에 붙여져 있음을 볼 수 있게 하였으며, 노비는 하나의 물품으로 보아 상전은 이를 살 수도 있고 팔 수도 있음을 볼 수 있게 하였다.

그러나 조선의 노비는 자기만 똑똑하면 글을 공부하여 주인의 문서수발을 대행하기도 하고, 토지매매문서 등도 작성하고 그 말미에 수결(手決)까지 한 많은 문서를 지면에 게재하고 이를 해석하여 실었으니, 아마도 독자 여러분은 조선조의 노비들은 오늘날의 지식인들도 알지 못하는 초서를 알아서 쓰기도 하고 읽기도 하였다는 것을 알게 될 것이다.

2020년 3월 순성재(循性齋)에서

홍산(鴻山) 전규호(全圭鎬)는 기록한다.

조선시대에는 노비도 초서(草書)를 썼다

노비의 기원

우리나라 노비의 기원은 고조선(古朝鮮)이라고 할 수가 있다. 고조선은 기원전 2333년에 단군 왕검이 아사달을 도읍으로 삼아 건국한 나라인데, 이 고조선에 8조법(八條法)이 있었다고 한다. 그러나 오늘날까지 전해지는 것은 다음의 3조문만 전해지고 있다.

1. 다른 사람을 죽이면 죽음으로 배상한다.
2. 다른 사람에게 상처를 입히면 곡물로 배상한다.
3. 남의 물건을 훔친 사람은 노비로 삼는데, 노비가 되지 않으려면 1인당 50만을 내야 한다.

이 세 조문은 사람의 몸이나 재산에 대한 침해를 가장 중요한 죄(罪)로 규정하였으니, 이는 초기 법률 체제에서 흔히 보이는 모습이다.

또한 그 법조문 내용을 볼 때, 고조선은 사유재산을 인정하고 노비가 존재하는 신분제 사회였음을 짐작할 수 있다.

기자조선에서는 백성에게 예의(禮儀), 전잠(田蠶), 방직(紡織), 팔조법금(八條法禁) 등을 가르쳤다고 전해진다. 팔조법금(八條法禁)은 우리나라의 고대사회(古代社會)에서 시행된 여덟 가지의 법금(法禁)을 말하는데, 살인(殺人)·상해(傷害)·투도(偸盜)만이 전해지고 나머지는 전해지지 않는다.

노비란 무엇인가!

노비(奴婢)를 한자로 풀어보면, 노(奴)는 남자 종을 말한다. 한자에서 여(女)자로 변(邊)을 한 자는 대체로 여자를 뜻하는 '누이, 이모' 등 여자를 뜻하는 글자가 있고, 간(奸)자는 '간사하다.' 는 뜻이 있고, 망(妄)자는 '허망하다, 망령되다.' 의 뜻을 가진 자로 비교적으로 정직함과는 거리가 먼 기녀(妓女)나 요사(妖邪)함 같은 사회의 풍속을 저해하는 뜻을 가진 뜻이다.

노(奴)자 역시 손〔又〕으로 일을 하는 사람인 남자 종이고, 비(婢)자는 신분이 낮은〔卑〕 여자이니, 계집종인 것이다. 그러므로 노(奴)는 남자종을 뜻하고, 비(婢)는 여자 종을 뜻하는 것이다. 그러므로 노(奴)자와 비(婢)자를 합하면 노비(奴婢)가 되니, 이를 통상적으로 노비라고 하는 것이다.

삼국사기에 나타난 노비

삼국사기에는 “고구려 고국원왕이 보병과 기병 2만을 거느리고 치양(황해도 백주)에 가서 군사를 나누어 민가를 약탈하니, 백제 근초고왕이 태자에게 군사를 주어서 곧장 치양으로 가서 고구려군을 깨뜨리고 오천 명을 사로잡았다. 그 포로를 병사들에게 나누어 주었다.”
고 하였고, 또

“가야가 배반하니, 신라 진흥왕이 이사부에게 토벌하도록 명령하고, 사다함에게 이를 돕게 하였다. 사다함이 기병 오천 명을 거느리고 들이닥치니, 일시에 모두 항복하였다. 이에 그 공을 논하였는데, 사다함이 으뜸이었으니 왕이 좋은 농토와 포로 이백 명을 상으로 주었다.”
고 하였다.

고려의 노비

우리나라 고대 노비의 실체를 파악할 수 있는 것은 고려 시대부터이다. 고려가 건국한 뒤 최초로 단행한 노비정책은 노비안검법(奴婢按檢法)[3]의 시행이었다.

이것은 호족의 세력을 억압하고 왕권을 강화하기 위해 시행한 법이었으니, 서기 956년(광종 7)에 귀족들이 불법을 자행하여 소유한 노비를 조사하여 이를 해방시켜주자는 것이었다.

그 뒤에 노비안검법에 의하여 방면된 노비 중 불순한 자가 있었기에, 서기 987년(성종 6)에는 다시 노비환천법을 정하여 다시 노비로 만들기도 했다.

---

3 노비안검법 : 고려 시대, 956년에 본래 양민이었던 노비를 해방시켜주기 위하여 만든 법.

1. 공노비(公奴婢)

고려 시대의 노비는 크게 나누어서 공노비와 사노비로 구분하는데, 공노비는 공적인 장소, 즉 궁궐이나 지방의 감영(監營) 등에서 일을 하는 노비를 말하는데, 이런 공노비는 전쟁 포로에서 얻어지는 경우가 대부분이지만, 반역을 하거나 이적행위 등을 행한 중대한 범죄자나 그 가족 및 사노비를 잡아와서 공노비를 만들었다.

공노비는 특정한 기관에서 잡다한 노역에 종사하는 공역노비와 주로 농경의 노역에 종사하는 외거노비, 또는 농경노비로 구분된다. 공역노비는 국가에서 일정량의 급료를 받았으므로, 비교적 자유스러워서 결혼 및 가정생활을 영위할 수 있었다.

또한, 사역(使役)하는 기간은 실제로 10여 세의 소년시절부터 부담하고 있어서, 16세부터 국역(國役)을 부담하는 양인(良人)의 경우보다 부담은 길었지만, 60세가 되면 벗어날 수 있어서 무기한적으로 노비로 살아야 하는 사노비에 비하여 비교적 가벼운 것이었다.

외거노비는 주로 국유지의 토지를 경작해서 수확한 곡식 중에서 일정액의 조세(租稅)를 국가에 납부하는 외에 약간의 공역을 부담했다. 공노비의 대다수를 차지한 것은 외거노비였다.

2. 사노비(私奴婢)

사노비는 개인이 사적으로 부리는 노비를 말하니, 하나의 중요한 재산으로 간주되었으며 상속 · 매매 · 증여의 대상이 되었다. 이들은 주인의 호구단자에 붙어서 나이와 부모의 신분 등이 등재되었는데, 성(姓)은 없고 이름만 있었다.

또한 공과(公課)와 공역(工役)은 없으나 60세에 '정로제(丁老制)'[4]가 된 것으로 파악되고 있었으며, 이들도 국민으로 간주되었다. 이들 사노비는 부모 중에 한쪽이라도 노비이면 노비의 신분을 벗어날 수 없었다.

이들의 소유권은 1039년(정종 5)에 제정된 천자수모법(賤者隨母法)[5]에 따라 원칙적으로 모(母)의 상전(上典)에 딸려 있었으나, 모(母)가 양인일 적에는 부(父)의 상전에 딸려 있도록 했다.

고려 시대의 이들 사노비의 주인은 왕족 · 관료 · 권세가 · 향리 · 일반 양인 등 신분이 다양했으며, 한 집에서 1,000구(口)[6]가 넘는 노비를 소유한 예도 있었다.

주인과 사노비 간의 관계법에 있어서는, 주인은 노비를 죽이는 것을 제외하고는 그들을 어떻게 치리하든 법의 제재를 받지 않았고, 주인이 국가의 반역자에 해당하지 않는 한 사노비는 주인을 배반할 수가

4 정로제(丁老制) : 국어사전에는 없는 말이나, 그러나 노년이 된 자를 대우하는 제도를 말하는 것 같다.

5 천자수모법(賤者隨母法) : 종이 양민과 혼인하여 아이를 낳는다 해도 그 아이까지 종이 되어야 하는 것을 말한다.

6 구(口) : 일반인을 세는 숫자에서는 명(名)자를 쓰고 노비는 구(口)자를 쓴다.

없었다.

만약 혹독한 사역을 견디지 못하여 도망했을 경우에는, 1049년(문종 3)에 제정된 법에 따라 3회에 걸쳐 도망했을 때에는 자자형(剌字刑)[7]을 가해 주인에게 돌려주도록 했다. 이러므로 사노비의 주인에 대한 복종은 거의 절대적이었다. 그러나 상전에게 특별한 충성을 했을 경우에는 혹 면천(免賤)의 은전이 베풀어지기도 했다.

즉 노비가 상전을 대신해서 전쟁에 나가서 큰 공을 세우거나, 삼년여묘(三年廬墓)를 대행하여 그 공을 인정받으면, 상전의 보고에 따라 40세 이후에 면천되기도 했다.

사노비는 솔거노비(率居奴婢)와 외거노비(外居奴婢)로 구분되는데, 솔거노비는 주인에게 최소한의 의식주를 공급받았으며, 무기한적으로 노동력을 제공해야 했다.

이들 솔거(率居)노비는 완전한 가정생활이 불가능했으며, 재산의 보유도 거의 불가능해서 노비 중에서 가장 낮은 위치에 있었다. 이에 비하여 외거(外居)노비는 주인의 호적부에 붙인 것 외에, 현거주지에서 별도로 호적을 가지고 있었으니, 비교적 온전한 가정생활을 유지하였으며 실제 재산 소유도 가능했다. 이들 외거노비 대부분은 농경노비로서 거의 주인의 토지를 경작했다.

---

7 자자형(剌字刑) : 얼굴이나 팔뚝의 살을 따고 홈을 내어 먹물로 죄명을 찍어 넣던 형벌.

조선의 노비

조선의 노비에 대한 정책은 1395년(태조 4) 12월에 노비변정도감(奴婢辨定都監 : 노비를 맡은 기관)을 설치하였고, 1397년 7월에 합행사의(合行事宜) 19조를 발표했으며, 1405년(태종 5) 영위준수노비결절조목(永爲遵守奴婢決折條目) 20조를 발표하여, 노비의 소유권 쟁송과 상속 및 양천(良賤) 신분의 판정 등 사노비에 관한 제반 문제의 해결에 주력했다.

또한 1406년에는 공노비를 확보하기 위하여, 고려 말 온갖 적폐의 온상이었던 사사(寺社 : 절)를 정리해, 전국에서 공인한 사찰수를 232사(寺)로 정하고 그 밖의 2,000여 사(寺)를 혁거(革去)[8]하고 여기에 소속되었던 노비 8만여 구(口)를 공노비로 삼아 전농시(典農寺) · 군기감(軍器監) · 내자시(內資寺) · 내섬시(內贍寺) · 예빈시(禮賓寺) 등에 소속

8 혁거(革去) : 묵은 법(法)의 폐해를 없애 버림.

시키고 이들로부터 신공을 받아들여 제용감(濟用監)의 경비에 보충했다.

이어서 1419년(세종 1)과 1424년 두 차례에 걸쳐 나머지 사사(私社)의 노비를 혁거(革去)하여 대부분 전농시에 소속시킨 뒤 신공(身貢)을 바치게 했고, 그밖에 수참(水站)의 수부, 각 도 잔역(殘驛)의 전운노(轉運奴)[9] · 급주노(急走奴)[10], 선공감(繕工監) · 제색장인(諸色匠人) · 동서학당 · 유후사(留後司) · 주군(州郡)의 급창(及唱)[11] 등에 충역(充役)시켰다.

조선은 건국 초부터 지속적으로 노비 변정 사업을 실시하였으니, 그 이유는 고려 말의 권문세가들이 농장을 확대하여 빚어진 사회 · 경제적 혼란 속에서, 피역(避役)의 수단으로 권세가들에게 투탁하여 그들의 노비로 위장(僞裝)한 양인을 찾아내려는 것이 목적이었다.

또한 군역을 부담해야 하는 양인의 수를 늘리기 위한 국방책으로 양천교혼소생자녀(良賤交婚所生子女)에 대하여 종천법(從賤法)을 적용, 노비로 삼았던 전통적 노비법을 개정해 1414년(태종 14)부터 이 경우 종부법(從父法)을 적용하도록 했다.

즉 이 시기에 양인 또는 사대부의 비처첩소생(婢妻妾所生)이 다수인 점을 착안하여 이들을 종량(從良) 시키기 위해 양인 이상 신분의 남자

9 전운노(轉運奴) : 물건을 실어서 보내거나 운전하여 보냄.

10 급주노(急走奴) : 조선시대에, 각 역에 속하여 걸어서 심부름을 하던 역노. 공무로 여행하는 벼슬아치의 역마를 끌거나 긴급한 공무의 전령을 맡았다.

11 급창(及唱) : 예전에, 군아에서 부리는 사내종을 이르던 말.

와 천인 처첩 사이에서 태어난 자녀에게는 부계(父系)를 따라 양인이 되도록 법제화했던 것이다.

노비종부법 실시 결과 양인의 수는 크게 증가했으나, 이에 따른 여러 가지의 폐단 때문에 실시 여부를 놓고 논란을 거듭한 끝에 1432년(세종 14) 이를 폐지하고 소생 자녀에게 종모법을 적용하는 종래에 쓰던 법으로 환원시켰다.

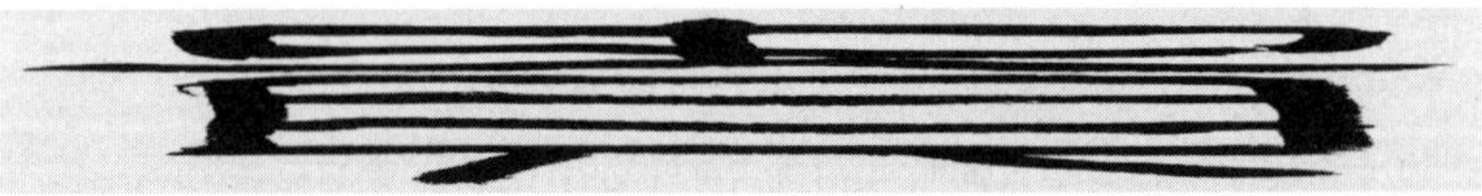

1. 공노비(公奴婢)

조선의 노비도 고려와 같이 공노비와 사노비로 구분하였다. 공노비 중에서도 내수사(內需司)[12] 소속의 내노비(內奴婢)는 왕실의 노비이므로 궁노비(宮奴婢)라 했고, 노비의 소속된 관아가 행정관청일 경우 관노비(官奴婢)라고 했지만, 역(驛)이나 향교와 같이 특수한 관아일 경우 역노비(驛奴婢) 또는 교노비(校奴婢)라고 불렀다.

16세에서 60세에 이르는 공노비는 의무적으로 하는 노역의 내용이 노역이냐, 현물에 의한 납공이냐에 따라 다시 선상노비(選上奴婢)[13]와 납공노비(納貢奴婢)[14]로 구분하였다. 서울에 있는 공노비는 모두 선상노비였으니, 지방에 거주하는 공노비에 대하여 이와 같이 구분한 것이다.

《경국대전》에 보면, 각 지방의 부(府)에는 600구(口)의 노비, 대도호부와 목(牧)에는 각각 450구(口)의 노비, 도호부에는 300구(口)의 노비, 군에는 150구(口)의 노비, 현에는 100구(口)의 노비, 속현에는 50구(口)의 노비, 그리고 병영(兵營)의 병사진(兵使鎭)에는 200구(口)의 노비, 수사진(水使鎭)에는 120구(口)의 노비 등으로 정속(定屬)된 인원을 규

12 내수사(內需司) : 조선시대에, 왕실 재정의 관리를 맡아보던 관아. 궁중에서 쓰는 쌀, 베, 잡물(雜物), 노비 따위에 관한 일을 맡아보았는데, 세조 12년(1466)에 내수소의 격(格)을 올려 이 이름으로 하였다.

13 선상노비(選上奴婢) : 예전에, 지방에서 중앙 관아로 뽑아 보낸 노비를 이르던 말.

14 납공노비(納貢奴婢) : 조선시대, 16세부터 60세까지 매년 일정액의 면포를 소속 관서에 바치던 공노비.

정했다.

초기 《경국대전》에 보면, 납공노비는 신공(身貢)[15]으로서 노(奴)는 매년 면포 1필과 저화(楮貨)[16] 20장, 비(婢)는 면포 1필과 저화 10장을 바치도록 규정하고 있다.

당시 저화(楮貨) 20장은 면포 1필에 해당했으므로, 노(奴)는 면포 2필, 비(婢)는 1필 반을 바친 셈이었다. 따라서 3구의 남녀 장년으로 구성된 노비 가정이 있다면 1년에 5, 6필의 면포를 바쳐야 했다.

이들 납공노비들은 이밖에도 소속 관청의 공궤(供饋)[17]를 부담해야 했으며, 신공의 부가세로서 수송비와 작지(作紙)[18]를 납입해야 하고, 양인과 같이 공납부담에 따르는 방납(防納)[19] 등으로 실상 노비의 부담은 대단한 것이었다.

이들을 통하여 납입되는 신공(身貢)은 국가 재정에 있어서 경상비로 중요한 재원이 되었으니, 1485년(성종 16)을 예로 들면 면포 72만 4500필, 정포 18만여 필에 이르고 있다.

공노비의 부담은 선상노비 · 납공노비 할 것 없이 양인의 부담에 비하여 2배 이상 무거운 것이었다. 그것은 양인의 경우 남자 장정(壯

---

15 신공(身貢) : 조선시대에 노비가 몸으로 치르는 노역 대신에 납부하는 공물.

16 저화(楮貨) : 고려 말기와 조선 초기에 발행되었던 지폐.

17 공궤(供饋) : 윗사람에게 음식을 드림.

18 작지(作紙) : 조선시대, 부가세의 하나.

19 방납(防納) : 조선시대, 하급 관리나 상인들이 공물을 나라에 대신 바치고 대가로 백성들에게서 더 많은 것을 받아내던 일.

丁)에게만 국역(國役)[20]이 부과된 데 비해, 이들의 경우 노(奴)뿐만 아니라 비(婢)도 동일하게 취급되고 있기 때문이다.

서울에 사는 공노비는 당연히 선상노비였으나, 당시 서울 각사의 노비 가운데 십중팔구는 지방에 거주하고 있어 이들의 선상(選上)은 큰 고역이었으므로, 도망자가 잇달아 생겼다. 공노비 중 부유한 자는 비싼 선상대립가(選上代立價)를 치르고 입역의 면제를 받고자 했다.

20 국역(國役) : 나라에서 벌이는 토목, 건축 따위의 공사.

2. 사노비(私奴婢)

한편 사노비의 경우 한 가호(家戶 : 집)의 노비가 그들 상전 가족의 일원으로 생활하고 있는가, 혹은 그 상전(上典)으로부터 독립한 가호와 가계를 유지하면서 생활하는 가에 따라 전자를 솔거노비(率居奴婢), 또는 가내노비(家內奴婢)라 하고 후자를 외거노비(外居奴婢)라고 한다.

솔거노비는 독자적인 가계나 재산 축적의 기회와 행동의 자유 등이 주어지지 않았으니, 일부의 노비는 주인의 처첩이 되기도 하고 대부분 하인으로서 잡역 및 농경에 사역(使役)되었다.

이들은 고공(雇工)[21]과 더불어 상전의 호적에 기재되었으니, 조선시대 노비 가운데 가장 열악한 위치에 있었다 할 수가 있다.

이에 비해 외거노비는 주인의 직접적인 사역에서 벗어나 행동이 비교적 자유롭지만, 납공노비의 경우와 같이 매년 상전에게 신공(身貢)을 바쳐야 한다.

이들은 주인 또는 타인의 토지를 전작(轉作)하여, 대략 수확의 반을 전작료로 바치고 나머지로 생계를 유지하였으며, 경우에 따라서는 재산의 축적도 가능했다.

그러므로 이들은 생활면에서 양인이나 전호(佃戶)[22]와 비슷했고, 이

---

21 고공(雇工) : 어떤 집에 고용되어 그 집의 농사일과 잡일 따위를 해 주고 대가를 받는 사람.

22 전호(佃戶) : 예전에, 남의 땅을 빌려 농사를 짓고 땅값을 치르던 농민.

들 외거노비가 전체 노비 가운데 압도적 다수를 점했다. 이들 중에는 자신의 가옥 · 토지뿐만 아니라 노비를 소유한 예도 있고, 또한 주인의 농장 관리인이 되어 사회적 · 경제적 지위가 한층 높은 노비도 있었다.

조선 전기 농경에서 노비의 노동수요는 양반 귀족층의 농장 소유의 발달과 면밀한 관계를 맺고 있으니, 세종 때부터 농장경영이 확대 발전해 곳곳에서 넓은 농장을 소유하고 노비들을 농장에 투입하여 경작하였다.

그 가운데에는 혹 수천 명의 노비를 거느리는 커다란 농장이 운영되기도 했으니, 태종 때의 홍길민(洪吉旼)과 세종 때의 안망지(安望之)의 처 허씨(許氏)와 문종 때의 유한(柳漢) 등은 1,000여 구의 노비를 소유했고, 성종 때의 영응대군 염(永膺大君琰)은 무려 1만 구 이상의 노비를 소유했다.

이들 노비들은 대부분 주인이 경영하는 농장에서 농사일에 종사하였으며, 농장에서 노비의 노동이 차지하는 비중은 실로 절반 정도에 달했다.

또한 양반들의 농장이 확대 발달함에 따라 농장주들은 그들의 권세를 의지해 국가로부터 사노비에 부과된 요역(徭役)[23]이나 공부(貢賦)[24]가 면제되었다. 그러므로 이들 노비에게 부과되었던 요역과 공부

23 요역(徭役) : 예전에, 정남에게 부과되던 역의 하나.

24 공부(貢賦) : 나라에 바치던 물건과 세금을 통틀어 이르던 말. 넓게는 조세 일반을 의미하나 좁게는 전세(田稅)와 공물(貢物)을 이른다.

(貢賦)까지 더해 부담해야만 했던 양인들은 그들의 과중한 부담을 피하기 위해 농장에 투탁하는 경향이 두드러지게 나타나게 되었으며, 이로써 노비의 수는 더욱 증가했다.

당시 노비 가운데에는 농업 이외에 수공업이나 상업에 종사하는 경우도 있었다. 가령 경공장(京工匠)[25]이나 외공장(外工匠)[26]의 대부분은 공노비였으며, 혹 사노비 중에는 장사를 하여 부상(負商)이 된 경우도 있었다.

성종 때 8천여 섬을 보유한 진천(鎭川)에 사는 사노 임복(林福)은 자신의 네 아들을 종량(從良)하기 위해 2천여 섬을 국가에 헌납했으며, 남평(南平)에 사는 가동(家同) 또한 그의 아들을 종량하기 위해 2천 섬을 헌납한다는 의사를 밝혔다.

대토지의 사유화 경향이 심화되어 가는 15세기 말 이후 농장주 가운데에는 귀족(貴族)·사족(士族)·관인(官人)·양인(良人)과 더불어 천인(賤人)들도 참여하고 있었다. 이로 볼 때, 조선시대의 경우 천인·노비들도 경제적으로 부(富)를 축적할 수 있는 제반 여건이 충분히 갖추어져 있었음을 알 수 있다.

사노비는 상전(上典)의 입장에서 생각하면, 고려 시대와 같이 가

---

25 경공장(京工匠): 조선시대에, 서울의 여러 궁이나 관아에 속한 장인(匠人).

26 외공장(外工匠): 조선시대에, 지방 관아에 속한 수공업자. 각 관아에 등록되어 있으면서 필요에 따라 대가를 받지 않고 공역(公役)에 종사하였으나 나머지 시간에는 공장세를 물고 자유롭게 수공업에 종사할 수도 있었다.

옥 · 토지와 함께 중요한 재산이었으며, 매매 · 상속 · 증여의 대상이었다. 그리하여《경국대전》에는 가옥 · 토지의 경우와 같이 노비를 매매한 뒤에 이를 물릴 수 있는 기한을 15일로 정하였고, 100일 안에 관청에 신고해서 증명서를 받도록 규정했다.

또한 노비가 상전의 재산인 우마(牛馬)와 동일시되었던 것은 우마매매한(牛馬賣買限)과 동일한 조항에서 취급된 것으로도 알 수 있다.

노비제도가 문란했던 고려 말의 노비의 값은 우마(牛馬)의 값만도 못하였으니, 말 1필의 값이 노비 2, 3구에 해당했으며, 1398년의 기록에 의하면, 당시 노비의 가격은 비싸야 오승포(五升布 : 품질이 좋은 베) 150필 값인데 반하여 말 1필의 가격은 400~500필에 이르렀다.

이후《경국대전》에는 나이 16세 이상 50세 이하의 장년 노비의 값을 저화 4,000장, 15세 이하 50세 이상은 3,000장으로 규정하였으니, 상등의 말 값 4,000장과 비슷하게 정한 것이었다.

또한 사노비가 국가에 큰 공(功)을 세웠을 경우 국가는 면천방량(免賤放良)해 줌으로써 논공행상(論功行賞)하는 대신, 소유주에게 상당(相當)하는 공노비(公奴婢)로 보상해주었다.

원칙적으로 노비는 성씨(姓氏)는 없고 이름만 있으며 외모도 양인과는 달리 남자는 머리를 깎았고, 여자는 짧은 치마를 입었기에, 창두적각(蒼頭赤脚)이라 하였으니, 흔히 노비를 창적(蒼赤)이라 부른 것은 여기에서 붙여진 이름이다. 사노비의 상속에 관한 원칙은 1405년의 '영위준수노비결절조목 20조'를 기초로《경국대전》에 법제화되었다.

《경국대전》에 따르면, 먼저 노비 상속의 대원칙으로, 부모가 생전에 분배하지 못하고 죽었을 경우에는 자녀의 생사(生死)에 관계없이 급여하되, 분배할 노비가 적을 때는 적자녀(嫡子女)에게 고루 급여하고, 만일 나머지가 있으면 승중자(承重子 : 장손)로 조상의 제사 등을 받드는 자식에게 우선 급여하고, 또 나머지가 있으면 장유(長幼)의 순서로 지급하며, 적처(嫡妻)의 자녀가 없으면 양첩의 자녀 순으로 지급하는 것으로 규정했다.

또 부모의 노비는 적자녀(嫡子女)에게 평등하게 분배하며 승중자(承重子)에게는 5분의 1을 더하여 주었고, 양첩의 자녀에게는 7분의 1을 더하여 주며, 천첩 자녀에게는 10분의 1을 급여하도록 규정했다.

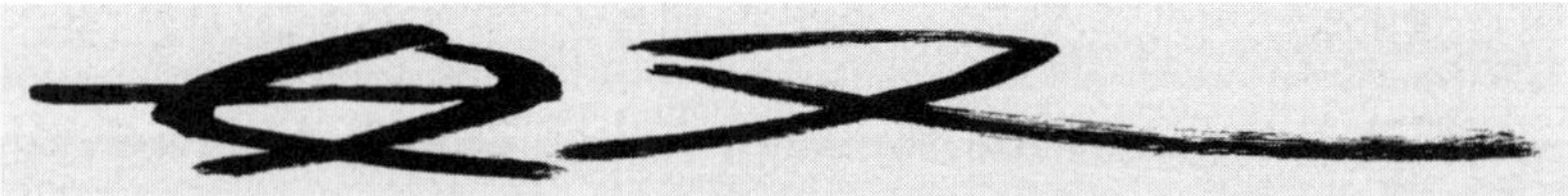

3. 노비제도의 특징

옛적 우리 노비제도의 특성은 사회적 · 법률적으로 가혹했던 데에 있으며, 이와 같은 가혹성은 그들에 대한 세전법(世傳法)[27]에서 찾아볼 수 있다.

노비세전법은 고려시대부터 계속되었고, 조선시대에도 부모가 모두 노비인 경우는 말할 것도 없고, 부모 가운데 어느 한편만이라도 노비 신분인 자의 자녀는 노비가 되는 것은 물론 대대로 노비로 삼았다고 한다.

이에 대해 유형원(柳馨遠)은,

"중국에도 노비가 있으나, 모두 범죄자로 몰입(沒入)된 자이거나 스스로 몸을 팔아 남에게 고용된 자뿐이며, 그 가족 모두 대대로 노비로 삼는 법은 없었다. 죄도 없는 자를 노비로 삼는 법은 옛날에도 없었고, 죄를 지어 노비가 된 자라도 자식에게까지 형벌을 주는 것은 부당하다."

고 했다. 이익(李瀷)도,

"노비라는 이름은 은(殷)나라 시대부터 나타난 것이니, 그러나 세전(世傳)하는 규정은 없었다. ……(중략)…… 우리나라의 노비법은 천하에 없었던 것으로서, 한번 노비가 되면 백세(百世)토록 괴로움을 받게 된다."

27 세전법 : 대대로 전해지는 법.

고 하면서 그 부당함을 말하면서 폐지할 것을 주장했다.

이러한 노비세전법은 고려 시대 이래 동색혼(同色婚)을 원칙으로 해 종모법(從母法)[28]을 적용해 왔으나, 실제로 양인과 천인의 교혼(交婚)이 성행함에 따라, 예외적으로 노(奴)와 양처(良妻) 사이의 소생에게는 종부법(從父法)을 적용하였으니, 이를 전통적으로 신분뿐만 아니라 소유권을 가리는 판정 법규로 삼았던 것이다.

이와 같은 제도의 아래에서 사노(私奴)를 소유한 상전(上典)은 심지어 양녀(良女)와의 결혼을 강요하기까지 하였다. 이러한 제도가 시행된 결과 군역(軍役)을 부담하는 양인 인구가 갈수록 감소하고 사노비만 증가하였으므로, 국가의 국방정책과 관련하여 중요한 관심사로 등장하였다.

그리하여 유교사상에 입각해 중부(重父)사상을 제고(提高)하였고, 다른 한편으로는 군인의 숫자를 확충하기 위해 1414년부터 양인의 공사의 노비 소생에 대해 종부법을 적용하여 종량하도록 제도화했다.

그뿐만 아니라 양인과 창기(倡妓)와의 소생도 종부법을 적용하도록 하였으므로, 이들 천처첩(賤妻妾)의 자녀들에게도 재산이 분배되었다. 그러나 이를 실시하는 과정에서 각종 폐단이 나타나기도 했다.

즉 공사비(公私婢)들은 자신의 노부(奴夫)의 소생을 종량시키기 위해 양인(良人)인 간부(奸夫)의 소생이라고 신고하여, 실제 아버지가 뒤

---

28 종모법(從母法) : 어머니를 따른다는 것으로, 어머니가 노비이면 그 자식도 노비로 삼는다는 법.

바뀌는 등, 종부법 시행은 공노비가 감소함은 물론 강상(綱常)의 혼란까지 가져왔고 당초의 뜻인 중부(重父)사상과도 배치되는 결과를 가져왔다.

그리하여 이를 폐지하기를 주장하는 여론이 비등하자, 군액(軍額) 증가를 위해 이들에게 종량을 전제로 보충대에 입속시키는 등 편법을 적용하다가 세조 때부터 고려 이래의 세전법으로 환원되었으며, 이를 《경국대전》에 법제화했다.

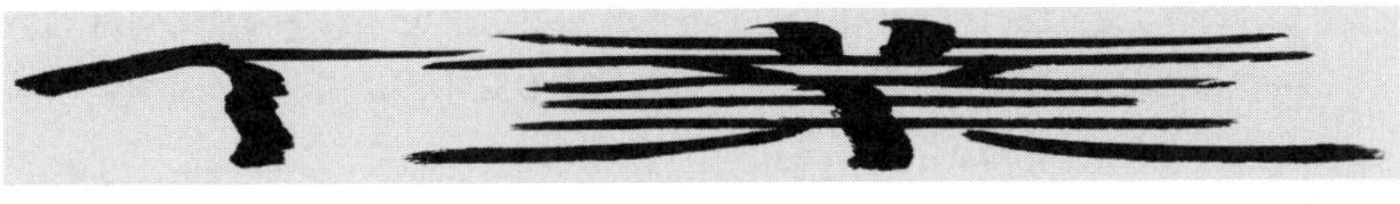

4. 여러 가지 면천(免賤) 방법

조선시대 노비들의 면천(免賤)의 길은 원칙적으로 차단되었다. 이런 가운데에 특별히 면천종량(免賤從良)된 예가 있었던 것을 찾아볼 수 있다.

세종 때 압록강 변에 사군(四郡)과 두만강 변에 육진(六鎭)을 설치하고 실변책(實邊策 : 변방 이주정책)으로 남도인의 이민정책을 추진하면서 이에 응모하는 양인 · 향리 · 노비에게 각각 토관직(土官職)[29]을 제수하고, 면역 · 면천 종량(從良)[30] 등의 특혜를 약속했다.

또한 1467년 함경도에서 이시애의 난이 일어나니, 이를 토벌하기 위해 출전한 관군의 무기와 군량이 부족하자, 이의 조달책으로 노비로서 궁시(弓矢) 4바리〔駄〕[31]를 전진(戰陣)에 운반한 자와 공사노비로서 50섬을 납곡한 자는 면천방량(免賤放良)하도록 했다.

《경국대전》에는 평상시에도 노비로서 공을 세우면 면천(免賤)하고 종량(從良)하도록 하는 규정이 있다. 실제로 노비가 모반사건의 적발에 공을 세워 면천 종량된 예가 있고, 열녀 또는 효자로서 면천된 예가 있다.

---

29 토관직(土官職) : 고려 · 조선시대에, 평안도와 함경도 지방 사람들에게 특별히 베푼 벼슬. 지방 토호들을 회유하기 위하여 관찰사나 절도사가 그 지방에서 유력한 사람을 선발하여 임명하였다. ≒ 토관1(土官) · 향직.

30 종량(從良) : 천민이 양민이 되던 일. 납속(納粟)이나 국가에 대한 공훈 따위로 양민의 신분으로 올라갈 수 있었다.

31 바리 : 마소의 등에 잔뜩 실은 짐을 세는 단위.

이러한 경우 면천 종량된 자가 사노비인 경우에는 이를 방량(放良)[32]함으로 생긴 재산상의 손실을 국가는 그 상전에게 공노비를 주는 것으로 보상했다.

32 방량(放良) : 노비를 놓아주어 양인(良人)이 되게 하던 일.

5. 결혼

이 밖에도《경국대전》의 규약에는 양반과 비첩 사이의 소생에 대해 일정한 법적 수속을 거쳐서 속량(贖良)[33]하도록 했다. 즉, 종친 남자와 천인 처첩 사이의 소생 자녀는 아무런 제한 없이 양인이 되었다.

그러나 문무관 · 생원 · 진사 · 녹사(錄士)[34] · 유음자손(有蔭子孫) 및 적자손(嫡子孫)이 없는 자의 첩의 자손 승중자는 아버지가 장례원(掌隷院)에 신고하면, 장례원에서 사실을 조사하고 문서를 병조에 이관시켜 보충대의 군역을 치른 뒤 잡직에 임용하여 양인의 대우를 받게 하였다. 이렇게 하는 경우에는 면천 및 종량의 조건으로, 그 아버지는 건강하고 연령이 비슷한 다른 노비를 국가에 바쳐야 했다. 이와 같이 노비신분은 엄격하게 세전(世傳)되었고, 노비로서 양인이 되는 길은 거의 막혀 있었다. 그러나 고려 말에 득세한 자의 천첩 소생으로서 높은 관직에 오른 자는 많았다.

고려 말 예부상서가 된 정문(鄭文), 대사성이 된 김승인(金承印), 추밀원사(樞密院使)가 된 이준창(李俊昌), 고려조에서 지신사정당문학(知申事政堂文學)을 지내고 조선시대에 들어와 판문하부사(判門下府事)가 된 권중화(權仲和) 등이 이런 예이다.

그렇지만 조선시대에는 비록 양반의 천첩 소생이라 하더라도 서얼

---

33 속량(贖良) : 몸값을 받고 노비의 신분을 풀어 주어서 양민이 되게 하던 일.

34 녹사(錄士) : 조선시대에, 의정부나 중추원에 속한 경아전의 상급 구실아치를 통틀어 이르던 말. 기록을 담당한 사람.

금고법(庶孼禁錮法)에 묶여 한품수직(限品授職)[35] 되었으며, 생원 · 진사과나 문과에 응시할 수 없어 벼슬을 하지 못했다.

35 한품수직(限品授職) : 고려 · 조선시대에, 신분과 직종에 따라 품계를 제한하여 벼슬아치를 서용(敍用)함, 또는 그런 제도. 양반은 정일품, 기술관과 양반 서얼은 정삼품 당하관, 토관 · 향리는 정오품, 서리는 정칠품까지 올라갈 수 있었다.

6. 노비의 관계 진출

노비는 공교육을 받을 수가 없었고, 과거시험에도 응시할 수가 없었다. 그러나 공노비의 경우 천인들의 관직인 문·무잡직(文武雜職)에는 나아갈 수가 있었다.

문무 잡직으로는 공조(工曹)·액정서(掖庭署)·교서관(校書館)·조지서(造紙署)·사섬시(司贍寺)·사옹원(司饔院)·사복시(司僕寺)·상의원(尙衣院)·군기시(軍器寺)·선공감(繕工監)·장악원(掌樂院)·장원서(掌苑署)·소격서(昭格署)·도화서(圖畵署) 등 관서에서 자물쇠 관리, 각종 물품 제조, 화폐 제조, 서적 인쇄, 바느질, 종이 제조, 요리사, 말 기르기, 무기 제작, 악기 연주, 건물 수리, 제수품(祭需品) 제조, 정원 가꾸기, 그림 그리기 등 유외잡직(流外雜職)이라 불리는 하급기술직에 임명될 수 있었다.

또 무반(武班)의 잡직(雜職)으로 파진군(破陣軍)[36], 대졸(隊卒)[37], 팽배(彭排)[38], 금군(禁軍)[39], 각 영(營), 승문원(承文院), 기보병(騎步兵), 교서

---

36 파진군 : 조선시대에, 화약장(火藥匠)으로 편성된 특수 부대. 대부분 천인으로 구성되었으며, 외적의 침입에 맞서 화포를 가지고 선봉과 전후를 담당하였다.

37 대졸(隊卒) : 조선시대에, 오위(五衛) 가운데 용양위에 속한 중앙군. 총인원 3,000명이 600명씩 나뉘어 5교대로 4개월간 광화문을 경비하도록 규정되어 있었으나 실제로는 사령군(使令軍)으로 복무하였으며, 대개 양인 또는 양인이면서 천한 일을 하는 사람들로 구성되었다.

38 팽배(彭排) : 조선시대 호분위에 속한, 방패를 무기로 쓰던 병종(兵種). 달리기와 힘쓰기를 시험하여 뽑았으며, 정원은 5,000명이었다.

39 금군(禁軍) : 고려·조선시대에, 궁중을 지키고 임금을 호위·경비하던 친위병.

관, 도화서 등 관서에서 근사(勤事)[40] · 정(正) · 기총(旗摠) · 대장(隊長) · 대부(隊副) · 대정(隊正) · 영(領) 등의 군사직에 종사했다.

이들 잡직에 종사하는 천인들은 일반 문 · 무산계와는 달리 종9품에서 정6품까지 별도로 규정한 동 · 서반 잡직 산계의 직을 받았는데, 잡직에서 정직(正職)으로 임명될 때는 한 단계를 낮추었다.

또한 80세 이상의 노비에게 양인과 마찬가지로 영직(影職, 명예직)인 노인직(老人職)을 주었다. 특이한 예로, 세종 때 동래(東萊)의 관노 장영실(蔣英實)은 재주를 인정받아 면천되었다.

40 근사(勤事) : 조선시대에, 파진군(破陣軍)에 속한 잡직 종칠품 무관의 벼슬.

7. 납속(納粟)[41]

조선시대 노비제가 다소 이완된 것은 16세기 이후의 일로서, 극도로 악화된 국가의 재정 때문이었다. 1553년(명종 8) 혹심한 재해를 당한 경상도 지방의 기민(饑民)을 정부의 힘으로 모두 구제할 수 없게 되자, 정부는 민간에게 납속할 것을 호소하기에 이르렀다.

당시 50섬에서 100섬을 한도로 국가에 납속(納粟)한 자에 대해 국가는 사족(士族)에게는 관직을 제수하고, 죄인에게는 면죄(免罪)하며, 공사노비에게는 면천 및 종량의 은전이 베풀어졌다.

이러한 사례가 있은 뒤 계속되는 재난과 변방의 소요 때문에 진제곡(賑濟穀)[42]과 군량을 조달하기 위해 납속제는 계속 실시되었으며, 1592년(선조 25) 임진왜란으로 납속제의 실시는 더욱 절정에 도달했다.

전쟁이 일어나자, 처음에는 경기 황해도 조도어사별사목(京畿黃海道調度御史別事目)[43]을 정해 서울 수복을 위한 명군의 군량 조달책으로 작전지역 내에서 500섬을 모속(募粟)·모운(募運)한 공사노비에게는 상(賞)으로 면천 종량시켰다.

---

41 납속(納粟): 조선시대에, 나라의 재정난 타개와 구호 사업 등을 위하여 곡물을 나라에 바치게 하고, 그 대가로 벼슬을 주거나 면역(免役), 또는 면천(免賤)해 주던 일.

42 진제곡(賑濟穀): 흉년이나 기근이 들었을 때 백성을 구휼하는 곡식을 말한다.

43 조도어사별사목(京畿黃海道調度御史別事目): 조선시대에, 전란 따위로 재원이 부족할 때 나라에서 필요한 비용을 마련하기 위해 지방으로 보낸 임시 벼슬아치가 행하는 규칙.

그 뒤 전쟁이 장기화하자 절대적으로 부족한 군량을 조달하기 위해 전국 각처에 모속관(募粟官)을 파견하고 모속(募粟)활동을 전개했다. 당시 모속관들은 공사노비로서 납속한 자에게 지급하는 많은 노비면천첩을 가지고 있었다. 그리하여 전국 어느 곳에서나 노비들은 모속관에게 납속하고 면천첩을 얻을 수 있게 되었다.

1593년에는 납속사목(納粟事目)을 발표하고 모속(募粟)을 하였는데, 이때의 납속량은 15섬 정도였던 것으로 보인다. 이로써 임진왜란 중 공사노비 중에 이 정도의 재력이 있는 자는 제한없이 면천종량되었다.

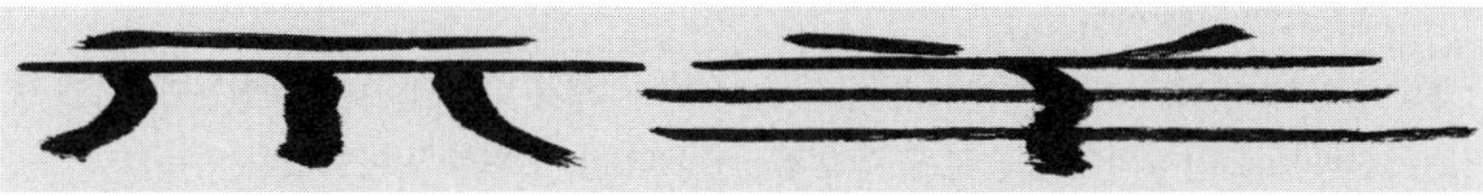

8. 군공(軍功)[44]

군공청(軍功廳)을 설치하고 군사의 사기를 고무하기 위해 군공(軍功)이 현저한 자에게 논상(論賞)하는 군공절목을 제정했다. 이에 의하면, 공천(公賤), 사천(私賤)으로서 적군 1급을 참수하면 면천, 2급이면 우림위(羽林衛)[45]에 입속, 3급이면 허통(許通)[46], 4급이면 서반(西班) 6품직인 수문장의 관직을 제수했다.

또한 참수(斬首) 이외의 방법으로, 예컨대 사살(射殺)과 같은 방법으로 군공을 세운 자는 살적 4명을 참수 1급에 준하도록 했으며, 전사한 노비의 아들 1명에 한해 면천의 특전을 주었다.

뿐만 아니라, 모자라는 군사를 노비로써 충당하기 위해 공사천에 무과를 실시해 합격한 자는 우림위에 입속하도록 했고, 참급무과(斬級武科)를 실시하면서 양인뿐만 아니라 공사노비도 양인과 동등하게 응시할 수 있도록 했다. 이 외에도 참수 3급이면 무과에 응시케 하고 합격자에게는 즉석에서 홍패(紅牌)[47]를 발급하였다.

임진왜란 중에 천인 백운상(白雲常)은 군공으로 3품직인 훈련정(訓

---

44 군공(軍功) : 조선시대에, 전쟁이나 반란이 있을 때 곡식을 납부하여 군공을 세우던 일. 또는 그런 사람.

45 우림위(羽林衛) : 조선시대에 둔 금군청의 하나. 성종 때 처음으로 두었는데, 서얼 출신만으로 편성되어 궁중의 숙위(宿衛), 배종(陪從), 호위를 맡아보았다.

46 허통(許通) : 지위가 다른 사람이나 집안끼리 서로 교통을 허락함.

47 홍패(紅牌) : 문과의 회시(會試)에 급제한 사람에게 주던 증서. 붉은색 종이에 성적, 등급, 성명을 먹으로 적었다.

練正)에 기용되었으며, 충의위(忠義衛) 홍언수(洪彦秀)의 천첩자인 홍계남(洪季男)은 호서지방을 보전한 공으로 수원판관 겸 경기도조방장에 기용되었다.

특히 임진왜란 중 신설된 훈련도감은 사족 · 양인 · 노비의 세 신분을 혼합하여 구성되었으며, 속오군(束伍軍) 또한 양천 혼성군(良賤混成軍)으로 천민의 노비가 실제로 양역인 군역에 종사하고 있었다.

9. 신분 변동

이와 같은 전쟁으로 인하여 종래의 사회구성을 변질시켰으니, 종래 양반들 가운데에는 정치적으로 몰락하여 잔반(殘班 : 실세가 없는 이름뿐인 양반)으로 전락하기도 했으며, 자영농이 심하면 소작전호(小作佃戶)로까지 추락하였고, 상업 · 수공업으로 생계를 유지하게 되어 이들은 노비를 거느리는 것조차 힘겨웠다.

반면에 부(富)를 축적한 노비들은 부력(富力)을 이용해 신분을 상승시키고자 노력했다. 그리하여 납속을 통한 방법 외에도 부패한 관리와 결탁하여 호적을 고치고, 유학(幼學) · 진사(進士)를 모칭(冒稱)[48]하거나 몰락한 양반의 족보를 매입해 환부역조(換父易祖 : 조상의 계보를 바꾸는 것)하는 등 다수의 방법으로 신분 상승을 꾀했고, 몰락한 상전에게 속전(贖錢)을 지불하고 양인이 되어 도망하는 자도 속출했다.

이와 같은 사회 변화와 함께, 1745년의 《속대전》에는 사노비의 경우 100냥, 즉 쌀 13섬의 속전을 지불하면 면천하여 종량할 수 있도록 그 값을 법제화하기에 이르렀다. 이러므로 노비는 언제든지 노비 신분에서 벗어날 수 있는 조건이 갖추어지게 되었다.

이러한 시대 상황에서 사노비뿐만 아니라 공노비를 유지하기도 어려운 실정에 놓이게 되었다. 오히려 이들을 양인으로 만들어서 군포(軍布)를 징수하는 편이 실제적으로 나을 정도였다. 또한 18세기 후반

48 모칭(冒稱) : 이름을 거짓으로 꾸며 대다.

에는 '노비' 라는 명칭 자체를 없애자는 주장이 제기될 정도였다.

이와 같은 사회변화의 추세에 따라 1801년(순조 1) 수렴청정을 맡은 대왕대비의 명에 따라 내수사 · 각 궁방 · 각사노비안(各司奴婢案)을 모아 돈화문 밖에서 소각하였다.

이때에 양인신분을 얻게 된 내시노비는 내수사, 각 도의 노비, 영흥과 함흥의 두 본궁노비(本宮奴婢) 및 선희궁(宣禧宮) · 수진궁(壽進宮) · 용동궁(龍洞宮) · 명례궁(明禮宮) · 어의궁(於義宮) · 영빈궁(寧嬪宮)에 속하는 각 도망 노비들이었으며, 그 수는 3만 6974구였다.

그리고 각 사노비는 종묘서 · 사직서 · 경모궁(景慕宮) · 종친부 · 기로소 · 의빈부 · 의정부 · 돈녕부 · 이조 · 호조 · 예조 · 형조 · 충훈부 · 성균관 등 34개사에 속하는 각 도 노비 29,093구(口)로 도합 66,067구(口)가 면천 종량되었다.

이와 같은 조치는 신분제가 붕괴하였음을 조정 스스로가 인정한 것이었고, 장기간에 걸친 노비들의 신분 해방을 위한 투쟁의 성과였다. 그 뒤 1886년(고종 23)에 고종은 하교를 내려 노비 세습제의 폐지를 명했으며, 이어서 노비 소생의 매매 금지와 자동적으로 양인이 될 수 있는 것을 법적으로 보장하는 사가노비절목을 제정했다.

1894년에는 군국기무처에서 제출한 건의안에 따라 고종은 문벌 · 반상의 등급을 폐지할 것과 귀천(貴賤)의 제한 없이 인재를 발탁할 것, 그리고 공사노비제를 일체 폐지할 것 등을 명해 실시하도록 했다. 이로써 신분제의 폐지와 함께 노비제 또한 종말을 고하게 되었다.

아래의 문장은《격몽요결(擊蒙要訣)》[49] 제8장 거가장(居家章)에 나오는 노비에 대한 내용이다.

원문

婢僕은 代我之勞니 當先恩而後威하여 乃得其心이니 君
비복 대아지로 당선은이후위 내득기심 군

之於民이나 主之於僕이나 其理一也라. 君不恤民이면 則
지어민 주지어복 기리일야 군불휼민 즉

民散이니 民散則國亡하고 主不恤僕이면 則僕散이니 僕散
민산 민산즉국망 주불휼복 즉복산 복산

則家敗는 勢所必至라. 其於婢僕이면 必須軫念飢寒하여
즉가패 세소필지 기어비복 필수진념기한

49 《격몽요결(擊蒙要訣)》: 조선시대에, 율곡 이이가 한문으로 지은 어린이용 학습서. 입지(立志) · 혁구습(革舊習) · 지신(持身) · 독서(讀書) · 사친(事親) · 상제(喪制) · 제례(祭禮) · 거가(居家) · 접인(接人) · 처세(處世)의 10장으로 나누어 서술하였다. 선조 10년(1577)에 간행되었다. 2권 1책의 인본(印本).

資給衣食하여 使得其所하고 而有過惡이면 則先須勤勤
자급의식 사득기소 이유과악 즉선수근근

敎誨하여 使之改革하고 敎之不改면 然後에 乃施楚撻하되
교회 사지개혁 교지불개 연후 내시초달

使其心으로 知厥主之楚撻은 出於敎誨하되 而非所以憎
사기심 지궐주지초달 출어교회 이비소이증

嫉이니 然後에 可使改心革面矣리라.
질 연후 가사개심혁면의

해설문 비복(婢僕)들은 나의 수고로움을 대신하니, 마땅히 은혜를 먼저 베풀고 위엄을 뒤에 부려야 비로소 노비들의 마음을 얻을 것이니, 임금이 백성에게 있어서와 주인(主人)이 비복에게 있어서 그 이치가 똑같은 것이다. 임금이 백성을 돌보지 않으면 백성이 흩어질 것이니, 백성이 흩어지면 나라가 망하고, 주인이 비복을 돌보지 않으면 비복이 흩어질 것이니, 비복이 흩어지면 집이 패망하는 것은 반드시 이르게 되는 형세인 것이다.

그 비복에 대하여 반드시 그들의 추위와 굶주림을 깊이 염려해서 옷과 밥을 대 주어 제자리를 얻게 할 것이요, 허물과 악행이 있으면 먼저 모름지기 부지런히 가르쳐서 그들로 하여금 고치게 할 것이고, 가르쳐도 고치지 않은 뒤에야 초달(楚撻 : 매)을 가해서 그 마음으로 하여금 주인의 매가 가르침에서 나온 것이요, 미워해서가 아님을 알게 하여야 하니, 그런 뒤에야 마음을 고치고 얼굴을 바꾸게 할 수 있을 것이다.

필자 소견 근대사회에서의 신분제도는 크게 양반 · 양인 · 천민으로 구분되고, 노비는 사내종〔奴〕과 계집종〔婢〕을 일컫는다. 노비제도가 실시된 정확한 시기는 알 수 없지만, 고조선에서 "남의 물건을 훔친 자는 그 집의 노비로 삼는다."

고 하였고, 또는 부여에서

"살인자의 가족은 노비로 삼는다."

고 하는 기록이 있으니, 당시 이미 노비가 존재하고 있었음을 보여 준다. 그 후 삼국시대에는 전쟁 포로 · 채무자 · 극빈자 등에 의하여 노비(奴婢)가 생산되었는데, 특히 삼국 사이에 전쟁이 계속되면서, 국가기관 및 공훈(功勳)를 세운 귀족에게 포로를 지급하여 노비로 삼는 경우가 빈번하였다.

이러한 노비들은 국가와 귀족의 농장에서 농경을 담당하였다. 통일신라 때

"재상의 집에 동노(童奴)가 3천이나 되었다."

고 하는 기록은, 당시 귀족들이 많은 수의 노비를 소유하였음을 보여주는 것이다. 후삼국 이후 호족(豪族)은 많은 노비를 소유하고, 이를 경제 · 군사적 기반으로 삼았다.

고려가 건국된 뒤 왕권 강화책을 실시하면서 이것이 문제가 되었으니, 956년(광종 7) 노비안검법(奴婢按檢法)[50]을 시행하여 귀족이 불법적으로 소유한 노비를 해방시켰다.

그러나 이에 대한 호족들의 불만이 일어나면서, 987년(성종 6)에는 노

---

50 노비안검법(奴婢按檢法) : 고려시대, 956년에 본래 양민이었던 노비를 해방시켜 주기 위하여 만든 법.

비환천법(奴婢還賤法)[51]을 실시하기도 하였다.

고려시대의 노비는 크게 공노비(公奴婢)와 사노비(私奴婢)로 구분되는데, 공노비는 반역(反逆) · 이적(利敵)행위 등을 한 범죄자와 그 가족과 및 사노비를 관(官)에서 몰수하면서 형성되었고, 이는 다시 관청에서 노역을 하는 공역노비와 농경에서 농사일에 종사하는 외거노비로 구분되었다.

사노비(私奴婢)는 솔거(率去)노비와 외거(外居)노비로 구분하는데, 솔거노비는 주인에게 의식주를 제공받으면서 무제한적이고 무기한적으로 노동을 제공하였으니, 온전한 가정생활과 재산을 소유하는 것이 불가능하였다.

이에 반하여 외거노비는 주인의 호적에 기재되는 것 외에 현 거주지에서 별도의 호적을 가지고 있었다. 또한 전호(佃戶)[52]가 있으니, 주인의 토지를 경작하여 수확의 일부를 주인에게 조(租)로 바치고 그 나머지로 생활하였으며, 할 수만 있으면 그 밖의 다른 사람의 토지를 경작하여 경제력을 향상시킬 수도 있었다.

조선을 건국한 직후에는 고려왕실과 귀족 및 죄인의 노비를 정리하고 노비쟁송의 기준을 정하였으며, 1395년(태조 4) 노비변정도감(奴婢辨定都監)[53]을 설치하였다.

이어서 1397년에 합행사의(合行事宜) 19조를 발표하였으며, 1405년(태종 5) 영위준수노비결절조목(永爲遵守奴婢決折條目)[54] 20조를 발표하

51 노비환천법(奴婢還賤法) : 이미 해방시킨 노비를 다시 노비로 돌아가게 하는 법.

52 전호(佃戶) : 예전에, 남의 땅을 빌려 농사를 짓고 땅값을 치르던 농민.

53 노비변정도감(奴婢辨定都監) : 노비를 분별하여 정하는 관청을 말함.

54 수노비결절조목(永爲遵守奴婢決折條目) : 영구히 준수해야 할 노비의 판결을 확정한 조목.

였다. 이처럼 국가의 재정적 기반 확립과 신분제 안정을 목적으로 한 노비 정책이 시행되면서, 1406년에는 232개의 사찰을 제외한 전국의 모든 사사(寺社 : 절)를 정리하면서 8만여 구(口)의 공노비를 확보하여, 전농시 · 군기감 · 내섬시 · 내자시 · 예빈시 등에 배속시키고 신공(身貢)[55]을 받아 제용감(濟用監)의 경비에 충당하게 하였다.

조선조의 노비도 공노비와 사노비로 구분하였으니, 공노비는 16세에서 60세까지 노역(勞役)을 부담하였으며, 역(役)의 종류가 노역인가 현물 납공(納貢)[56]인가에 따라 선상노비(選上奴婢)와 납공노비(納貢奴婢)로 구분하였다.

선상노비는 서울 또는 지방의 각 관청에서 노역에 동원되었는데, 특히 중앙관청의 경우 각 관청의 수요가 정해져 있어 이에 따라 입역(入役)하였고, 지방에 사는 노비가 중앙에 동원될 때는 두 번에 나누어 교대시키고, 2구(口)의 봉족노비(俸足奴婢)[57]를 주어 선상노비에게 매년 면포 및 정포 각 1필을 지급하게 하였다. 조선 초에는 농장이 발달하면서 노비의 숫자가 증가하였고, 노비가 직접 토지를 소유하기도 하는 경우도 생겨났다.

한편 사노비는 주인에 의해 매매 · 상속 · 증여가 가능하였으니, 이에 《경국대전(經國大典)》에서는 16세 이상 50세 이하의 노비는 저화(楮貨)[58]

---

55 신공(身貢) : 조선시대에, 노비가 신역(身役) 대신에 삼베나 무명, 모시, 쌀, 돈 따위로 납부하던 세.

56 납공(納貢) : 백성이 그 지방에서 나는 특산물을 조정에 바치던 일.

57 봉족노비(俸足奴婢) : 선상(選上)노비에게 매년 면포와 정포 1필씩 바치는 노비이다.

58 저화(楮貨) : 고려 말기 · 조선 전기에, 닥나무 껍질로 만들어 쓰던 종이돈. 고려 공양왕 4년(1392)에 발행하였지만 본격적인 유통은 안 되었으며, 조선 태종 원년(1401)에 사섬서를 설치하고 이듬해 저화 2,000장을 발행하였다.

4천장, 16세 이하 50세 이상은 3천장으로 정하였다.

주인은 사노비를 죽이는 경우에만 관청에 보고하고, 나머지는 어떤 형벌도 가할 수 있었으며, 노비는 주인이 모반하는 경우가 아닌 이상 관청에 고발할 수 없었고, 고발하는 경우는 강상(綱常)[59]을 어지럽히는 것으로 간주하여 교살되었다.

16세기에 이르러 국가의 재정이 악화되고 기근이 발생하면서 납속(納贖)[60]하는 노비에게 면천(免賤)[61]을 허락하였고, 이를 계기로 재정과 변방의 국방문제를 해결하는 방식으로 납속이 계속 시행되었으며, 임진왜란 뒤에는 군량문제 해결과 군공(軍功)[62]에 대한 대가(代價)로서 면천하는 경우가 매우 빈번하게 이루어졌다.

한편 신분제의 변동이 활발해지면서, 노비 중에서 부(富)를 축적한 자는 납속하거나 관리와 결탁을 통해 신분 상승을 도모하였으니, 《속대전(續大典)》에는 쌀 13석을 지불하면 사노비가 양인(良人)이 될 수 있도록 규정하였다.

이에 노비의 신분 해방이 현실로 다가오게 되었고, 1886년(고종 23) 노비세습제를 폐지하고 노비 소생의 매매를 금지하고 그들이 양인이 될 수 있도록 규정하였으며, 1894년 갑오개혁의 신분제 폐지에 따라 최종적으로 노비제를 폐지하였다.

---

59 강상(綱常) : 삼강(三綱)과 오상(五常)을 아울러 이르는 말. 곧 사람이 지켜야 할 도리를 이른다.

60 납속(納贖) : 죄를 면하기 위하여 돈을 바침.

61 면천(免賤) : 예전에, 천민의 신분은 면하고 평민이 되다. 또는 그렇게 하다.

62 군공(軍功) : 군사상의 공적.

원문

治家엔 當以禮法으로 辨別內外하여 雖婢僕이라도 男女不
치가 당이예법 변별내외 수비복 남녀불

可混處니라. 男僕은 非有所使令이면 則不可輒入內하고
가혼처 남복 비유소사령 즉불가첩입내

女僕은 皆當使有定夫하여 不可使淫亂이니 若淫亂不止
여복 개당사유정부 불가사음란 약음란부지

者면 則當黜使別居하여 毋令汚穢家風이니라 婢僕은 當
자 즉당출사별거 무령오예가풍 비복 당

令和睦이니 若有鬪鬩喧噪면 則當痛加禁制니라.
령화목 약유투혁훤조 즉당통가금제

해설문 집안을 다스리는 데는 예법으로 안팎을 분별하여 비록 하인들이라도 남녀가 섞여 거처하게 해서는 안 된다. 남종은 주인의 시킨 일이 없으면 방 안에 들어오지 못하게 하고, 여종은 모두 남편을 정하게 하여 음란한 행실을 하지 못하게 하되, 만일 계속해서 음란한 행실을 하는 자는 쫓아내어 따로 살게 하여 가풍(家風)을 더럽히지 않도록 해야 한다. 하인들은 서로 화목하게 지내게 하고 만일 싸우거나 시끄럽게 구는 자가 있으면 철저히 금지하도록 제약해야 할 것이다.

필자 소견 위의 내용은 솔거노비에게 해당하는 내용이다. 외거노비는 주인집의 밖에 살기 때문에 해당사항이 아니다.

즉 유가(儒家)의 삼강오륜의 강상(綱常)과 직접 연결되는 내용으로, 한 집 안에서 같이 사는 노비의 생활규범을 마련한 내용이니, 사실 남녀가 한집에서 살면 연분이 생기게 되는데, 이를 원천적으로 차단한 내용이라

할 수가 있다.

《격몽요결》은 율곡 이이 선생이 한문으로 지은 어린이용 학습서로서, "입지(立志) · 혁구습(革舊習) · 지신(持身) · 독서(讀書) · 사친(事親) · 상제(喪制) · 제례(祭禮) · 거가(居家) · 접인(接人) · 처세(處世)" 등 10장으로 나누어 서술한 책이니, 대체로 말해서 우리나라 유학(儒學)은 중국에서 받은 학문인데, 중국과 우리나라는 다른 점이 너무 많으니, 중국은 평야지대가 많고 땅이 넓어서 비교적 부유하게 사는 반면에, 우리나라는 산과 내가 전체의 70%나 되는 산악지대로서 농업이 빈약하여 비교적 가난하게 산다. 이에 율곡선생이 《격몽요결》을 어린이 학습용으로 저술하면서 총합 10장의 내용 중 예에 관한 사항을 중국보다 비교적 가볍게 적용하였으니, 일례로 상제(喪制)나 제례(祭禮)와 같은 항목에서 제상(祭床)을 차릴 때에 그 제물을 중국보다 저렴하게 하여도 된다고 하였으니, 예의라는 것은 실상 마음에서 나오는 것이라는 것을 말씀한 것으로 안다.

노비가 쓴 문서와 노비에 대한 문서

위 단원에서는 노비의 생활과 노비의 생성과정, 그리고 노비의 신분 및 공노비와 사노비, 그리고 고려시대의 노비제도와 조선시대의 노비제도 등 노비에 대한 모든 활동상황을 말하였다.

그렇다면 이 단원에서는 현존하는 노비에 대한 문서를 지면에 게재하고 또한 해석을 붙여서 독자들이 쉽게 볼 수 있도록 할 것이고, 그리고 노비들이 자신의 재산을 매매하면서 노비 자신이 매매문서를 직접 쓰고 그 말미에 수결(手決)[63]까지 한 문서를 지면에 게재하였으므로, 이를 보면 조선시대에는 노비들도 글을 읽을 줄 알았고, 더구나 초서로 매매문서를 써서 보관하였으니, 이런 문서 등을 소개하려고 한다.

---

63 수결(手決) : 예전에, 자기의 성명이나 직함 아래에 도장 대신에 자필로 글자를 직접 쓰던 일. 또는 그 글자.

또한 양반가정에서 노비에게 준 문서, 그리고 양반이 자신의 자식들에게 분재(分財)하면서 노비까지도 자식에게 유산으로 넘겨주는 문서 등 다양한 문서를 이 단원에서 설명하려고 한다.

● 동치(同治)[64] 13년(1874) 갑술 초9일 임생원댁 노비 석봉(石奉) 앞의 명문(明文)[65]이다.

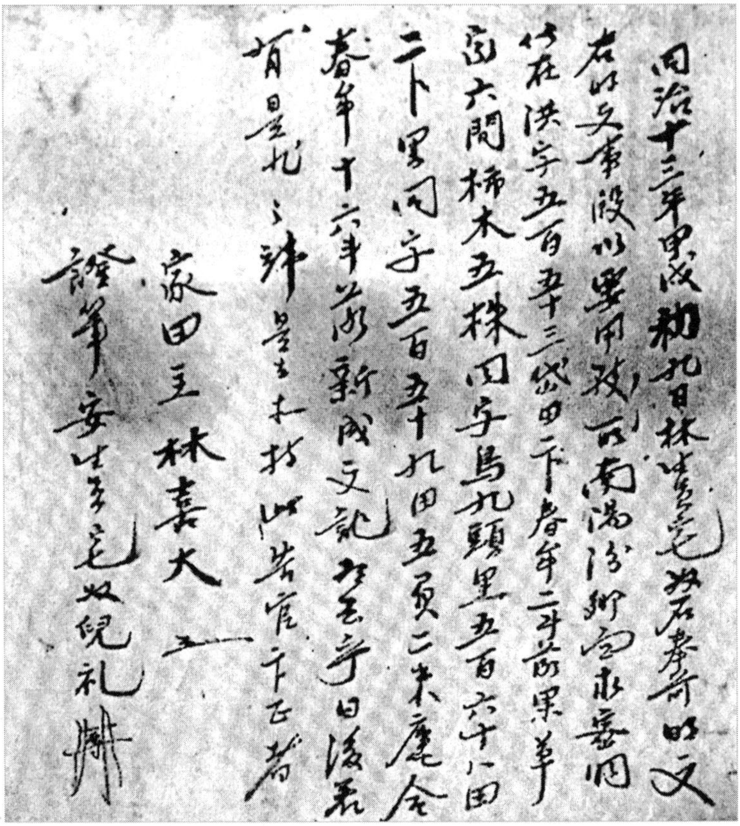

위의 명문은 긴요하게 쓸 일이 있어서 남양(南陽 : 현재 화성시 남양) 분향면(汾鄉面) 구밀동(求密洞)에 숨겨져 있는 홍자(洪字) 553의 대전

64 동치(同治) : 중국 청나라 목종 때의 연호(1862~1874).

65 명문(明文) : 글로 명백히 기록된 문구. 또는 그런 조문(條文).

(垈田)[66]에서 봄보리 밭으로 변한 2두락과 초가 6간과 감나무 5주와, 같은 홍자(洪字) 오구두리(烏九頭里) 568전(田) 2복(卜)과, 같은 홍자(洪字) 559전(田) 5짐 2속(束)의 곳에 봄보리 밭을 합한 16두락에 대한 새로운 문기를 만들었으므로, 오늘 이후에 만약 시비를 거는 폐단이 있거든, 이 문서를 가지고 관청에 고하여 바로잡을 것이다.

가전주(家田主) : 임희대(林喜大)가 수결(手決)했다.
증필(證筆)[67] : 안생원댁(安生員宅) 노비 아례(兒禮)가 수결(手決)했다.

○同治十三年 甲戌 初九日 林生員宅奴 石奉前 明文
右明文事段 以要用所致 南陽汾鄕面求密洞 伏在洪字五百五十三岱田 卞春牟二斗落果 草家六間 柿木五株 同字烏九頭里 五百六十八田二卜果 同字五百五十九田五負二束庲 合春牟十六斗落 新成文記爲去乎 日後若有是非之端是去等 持此告官卞正者
家田主 林喜大 手決 證筆 安生員宅奴 兒禮 手決

필자 소견 이 문서는 토지매매문서로, 남양은 조선시대의 남양현이니, 경기도 화성의 옆에 있던 지명이다. 그리고 증필(證筆)에 안생원댁의 남

66 대전(垈田) : 집터와 밭을 아울러 이르는 말.
67 증필(證筆) : 증인이고, 문서를 쓴 사람.

자 노비 아례라는 이름의 노비가 이 문서의 증인을 섰고, 그리고 글씨를 썼다고 되어있으니, 노비가 요즘의 공인중개사의 역할을 충실히 이행했다는 것이니, 이로보아 이 노비의 학식과 사회적 지위를 알 수 있는 중요한 문서가 된다.

한마디 덧붙인다면, 임생원댁 노비 석봉에게 주는 명문이기에 노비 아례가 참여해서 증인도 서고, 문서도 작성했을 것으로 추측한다.

● 광서(光緖)[68] 13년(1887) 정해년 12월 28일에 ○○ 노비 앞에 주는 명문(明文)이다.

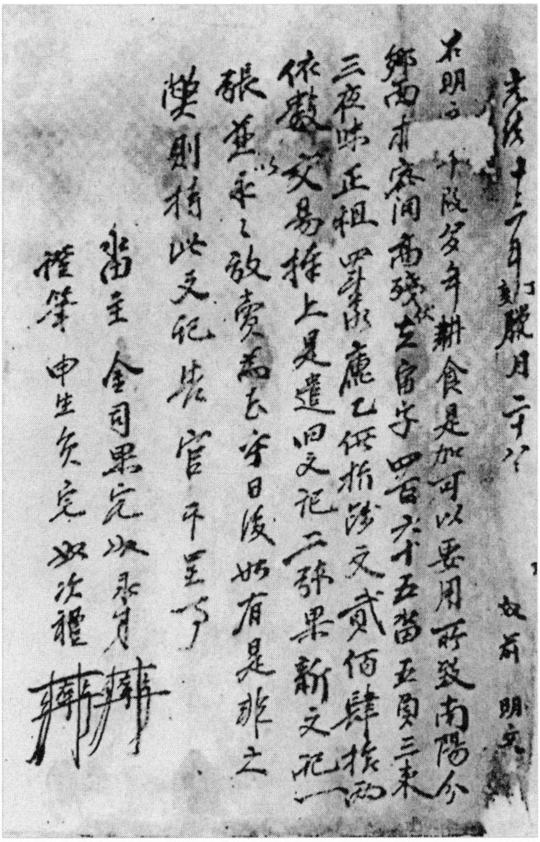

위의 명문은 다년간 경작한 논을 곧바로 긴요하게 쓸 이유가 생겨서 남양(南陽) 분향면 구밀동의 고잔에 있는 주자(宙字) 465답(畓) 5짐

68 광서(光緖) : 중국 청나라 광서제 때의 연호(1875~1908).

3속(束)의 3배미 정조(正租, 벼) 4두락의 곳을 가절전문(價折錢文)[69]한 240냥의 숫자에 의거하여 교역하여 올리고, 구문기(舊文記) 2장과 신문기(新文記) 1장을 아울러 영영 방매하는 것이니, 오늘 이후에 만약 시비를 거는 폐단이 있으면, 즉시 이 문기(文記)를 지참하고 가서 관청에 고하여 바로잡을 것이다.

답주(畓主) : 김사과댁(金司果宅) 노비 영재(永才)가 수결하다.

증필(證筆) : 신생원댁(申生員宅) 노비 차례(次禮)가 수결하다.

○光緖十三年 丁亥 臘月 二十八日 □□奴前 明文

右明文事段 多年耕食 是加可以要用所致 南陽 汾鄕面 求密洞 高殘 伏在宙字 四百六十五畓 五負三束三夜味 正租四斗落庫乙 價折錢文 貳百四十兩 依數交易 捧上是遣 舊文記二張果 新文記一張 幷以永永放賣爲去乎 日後若有是非之弊 則持此文記 告官卞正事 畓主 金司果宅奴 永才 手決 證筆 申生員宅奴 次禮 手決

필자 소견 이는 김사과댁의 노비 영재가 논의 주인으로 명문에 있는 모모의 노비에게 매매하는 명문이다. 그리고 신생원댁의 노비 차례(次禮)

---

69 가절전문(價折錢文) : 값으로 책정해 놓은 액수를 이르던 말.

가 이 명문을 썼다.

이 문서도 노비끼리 매매한 명문이기에, 노비가 증인을 서고 명문을 썼는지는 몰라도, 당시의 상황으로 보아 노비들은 그저 주인댁의 노동을 담당하는 무식한 노비인 줄만 알았는데, 게시문을 보면 행서로 쓴 달필의 수준이니, 이 정도의 글씨를 썼다는 것은 평생을 붓을 들고 글씨를 쓴 사람으로 보아야 한다.

필자가 58년간 붓글씨를 쓴 서예가이기에 감히 이렇게 말을 할 수가 있다.

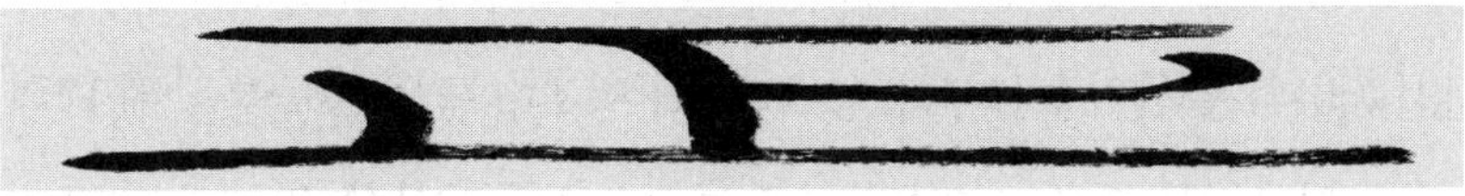

● 동치(同治) 5년(1866) 병인년 12월 13일 신은률댁(申殷栗宅)의 노비 노적(露積)의 앞에 주는 명문(明文)이다.

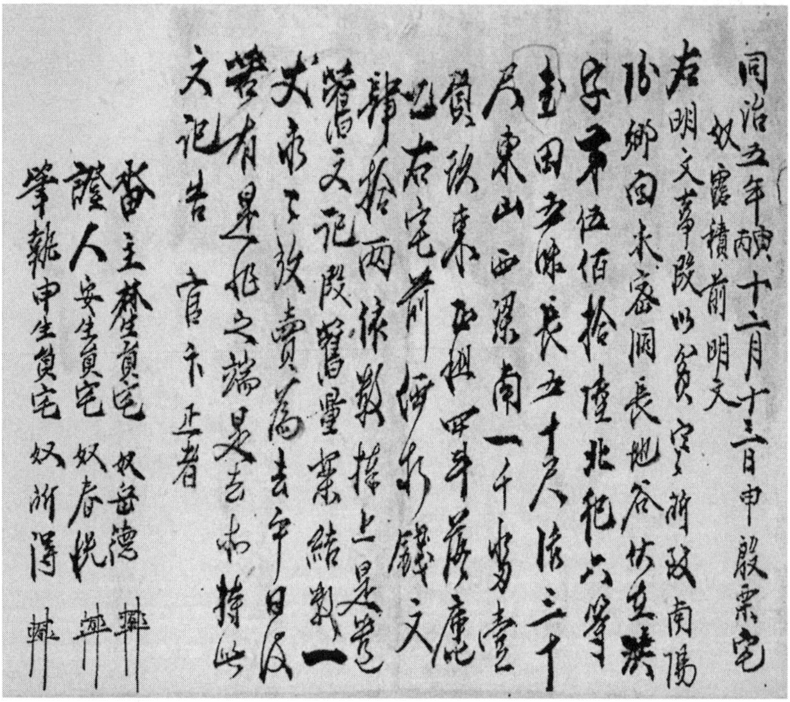

위의 명문은 집안이 빈한하기 때문에, 남양(南陽) 분향면 구밀동 장지골에 있는 홍자(洪字) 제560번이고, 북쪽으로 6등의 무전(武田)을 범한 다섯 배미이니, 길이는 50자이고 넓이는 30자이며, 동산 서쪽 양남(梁南)의 일천의 논 1부(負) 9속(束)의 정조(正租 벼) 4두락을 위 댁의 앞에 절가전문(價折錢文)한 돈 40냥의 숫자에 의하여 올리고, 구문기(舊文記)는 구양안(舊量案)의 결수(結數) 1장과 같이 영영 방매하니, 오

늘 이후에 이 건에 대하여 시비하는 폐해가 있거든, 이 문기를 지참하고 관청에 고하여 바로잡을 것이다.

답주(畓主) : 임생원댁(林生員宅) 노비 악덕(岳德)이 수결(手決)했다.

증인(證人) : 안생원댁(安生員宅)의 노비 춘황(春愰)이 수결(手決)했다.

집필(執筆) : 신생원댁(申生員宅) 노비 절득(折得)이 수결했다.

○同治五年 丙寅 十二月 十三日 申殷栗宅奴 露積前明文

右明文事段 以貧寒所致 南陽 汾鄕面 求密洞 長地谷伏在洪字 第五佰拾陸 北犯六等武田五(夜)味 長五十尺 廣三拾尺 東山西梁南一千畓 壹負玖束 正租四斗落庌乙 右宅前價折錢文 肆拾兩依數 捧上是遣 舊文記段舊量案結數一丈 永永放賣爲去乎 日後若有是非之端是去等 持此文記 告官卞正者 畓主 林生員宅奴 岳德手決 證人 安生員宅奴 春愰 手決 執筆 申生員宅奴 折得 手決

필자 소견 이 명문은 논의 주인 임생원댁의 노비 악덕이 신은률댁의 노비 노적(露積)에게 방매하는 문서이다. 이 문서도 전의 문서와 같이 노비가 증인을 서고 노비가 문서를 썼다. 게시한 문서를 보면 알겠지만, 글씨를 얌전하게 평문으로 써내려가다가 갑자기 굵은 획을 넣어서 글씨를 썼는데, 이는 갑자기 흥이 나거나 예술적으로 작품을 쓸 때에 하는 동작이다.

이 글씨는 해서(楷書)와 행초를 섞어서 쓴 글씨로 아주 잘 쓴 달필이라고 보면 된다. 이를 보면, 조선의 노비들도 공부를 하고 붓글씨를 많이 썼다는 것을 알 수가 있다. 그리고 논을 산 신은률댁의 노비 노적(露積)의 이름을 보면 아주 재미가 있다. 보통 노비의 이름은 개똥이나 돌쇠 등 천(賤)하게 짓는데 비하여, 이 노비는 돈을 많이 벌라는 뜻으로 노적(露積)이라 했으니, 아마도 당시 노비들은 자식의 이름을 지을 때에 부자가 되라, 또는 귀인이 되라는 등등의 이름을 지어서 자식을 축복한 것이 아닌가 생각한다.

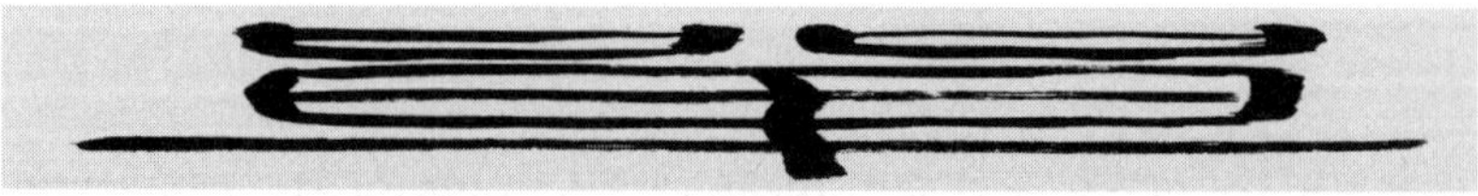

● **도광(道光) 11년(1831) 임진년 12월 ○일 임생원댁(林生員宅)의 노비 악덕(岳德) 앞에 주는 명문(明文)이다.**

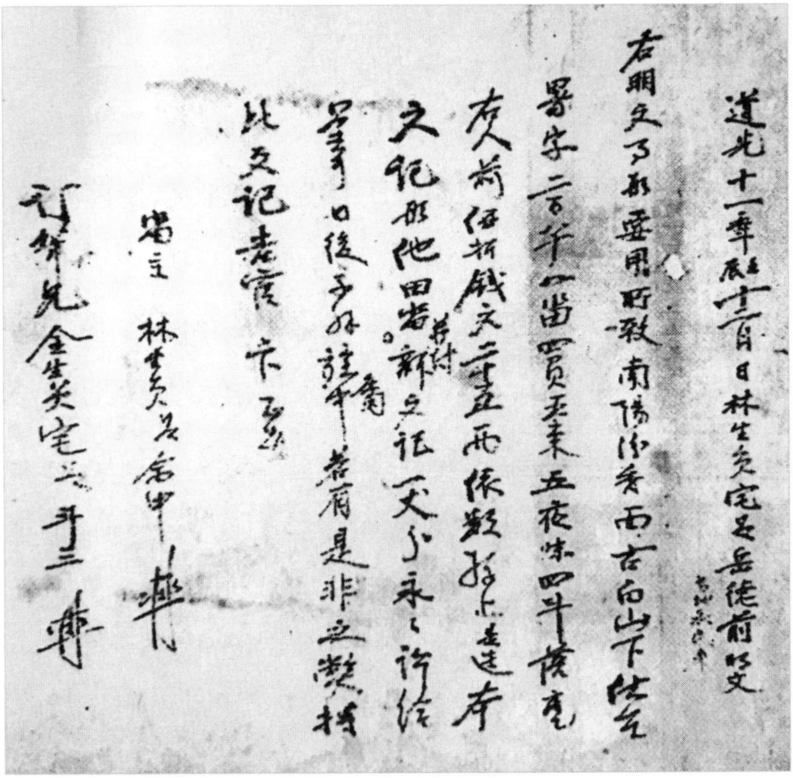

위의 명문은 긴요하게 쓸 일이 생겨서 남양(南陽) 분향면 고백산(古白山)의 아래에 있는 서자(暑字) 288답 4부(負) 5속(束)의 다섯 배미 4두락을 위에 기록한 사람 앞에 가절전문(價折錢文)한 돈 25냥의 숫자에 의해 올려드리고 영구히 허급(許給)하니, 오늘 이후에 자손과 조카 중에 만약 시비를 거는 폐단이 있으면, 이 문기를 지참하고 관청에 고

발하여 바로잡을 것이다.

답주(畓主) : 임생원댁(林生員) 노비 명신(命申)이 수결(手決)했다.
증필(證筆)한 형 : 김생원댁(金生員宅) 노비 두삼(斗三)이 수결(手決)했다.

○道光十一年 壬辰 十二月 日 林生員宅奴 岳德前 明文
右明文事段 要用所致 南陽 汾香面 古白山下 伏在暑字 二百八十八畓 四負五束五夜味四斗落庇乙 右人前價折錢文二十五兩 依數捧上 永永許給爲去乎 日後子孫姪屬中 若有是非之弊 持此文記 告官卞正者 畓主林生員奴 命申 手決 證筆兄 金生員宅奴 斗三 手決

필자 소견 이 명문도 역시 노비들이 전답을 매매하면서 문서를 작성하고 손수 수결까지 하였다. 위에 보면 '증필(證筆)한 형'이라고 되어 있으니, 아마도 논을 사는 악덕(岳德)이 증인을 서고 글씨를 써서 문서를 작성한 두삼(斗三)의 동생인 듯하다. 그렇기 때문에 형이라는 문구를 넣어서 집필(執筆)을 하였다.

악덕(岳德)이라는 이름도 아주 잘 지은 이름이다. 언뜻 악덕이라 부르면 악하다는 의미가 상상되지만, 사실 한자를 보면 산악(山岳)이라는 악(岳)자이니, 아마도 덕(德)을 많이 쌓으며 살라는 뜻으로 그의 부모가 지은 이름인 듯하다.

● 광무(光武) 2년 무술(戊戌 1898)년 9월 24일 유성오(劉成吾) 앞에 주는 명문(明文)이다.

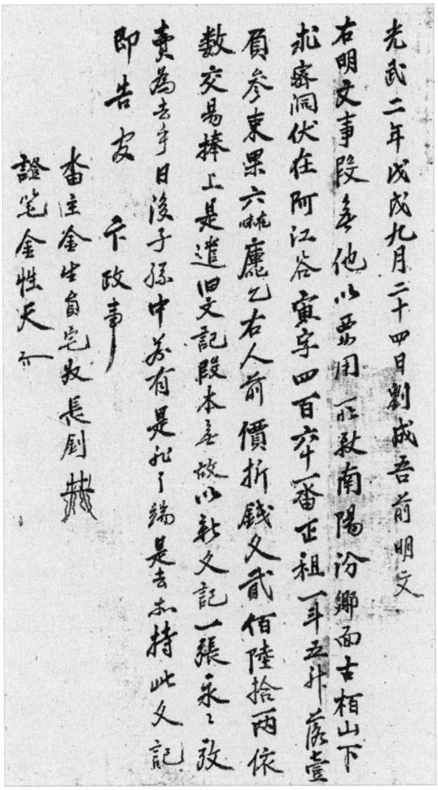
光武二年戊戌九月二十四日劉成吾前明文
右明文事段矣他以要用所致南陽汾鄉面古柏山下
求密洞伏在阿江谷寅字四百六十一番正租一斗五升落壹
負參束果六夜味庫乙右人前價折錢文貳佰陸拾兩依
數交易捧上是遣舊文記段本無故以新文記一張永永放
賣為去乎日後子孫中若有是非之端是去等持此文記
卽告官 卞政事
畓主金生員宅奴長劍
證筆金性天

위의 명문은 다름이 아니라 긴요하게 쓸 일이 있기 때문에 남양 분양면 고백산 아래 구밀동에 있는 아강골 인자(寅字) 461답 정조(正租벼) 1말 5되의 논과 1부(負) 3속(束)의 여섯 배미의 논을 위 명문의 사람에게 가절전문(價折錢文)한 돈 260냥의 숫자에 의하여 올려드리고, 구문기(舊文記)는 본래 없기 때문에 새로운 문기 1장을 포함하여 영영 방매하니, 이후로 자손 중에 만약 시비를 거는 폐단이 있거든, 이 문서를 지참하고 즉시 관청에 고발하여 바르게 바로잡을 것이다.

답주(畓主) : 김생원댁 노비 장쇠(長釗)가 수결(手決)하다.
증필(證筆) : 김성천(金性天)이 수결(手決)하다.

○光武二年 戊戌 九月 二十四日 劉成吾前 明文

右明文事段 無他以要用所致 南陽 汾鄕面 古栢山下 求密洞 伏在阿江谷 寅字四百六十一畓 正租一斗五升落 一負三束果 六夜味龐乙 右人前 價折錢文 貳佰陸拾兩 依數交易 捧上是遣 舊文記段 本無 故以新文記 一張 永永放賣爲去乎 日後子孫中 若有是非之端是去等 持此文記 卽告官卞正事 畓主 金生員宅奴 長釗 手決 證筆 金性天 手決

필자 소견 본문 중에 '인자(寅字)'는 무엇인가! 이는 천자문에 들어있는 글자인데, 조선조의 토지문서는 천자문에 쓰인 글자의 순서대로 순서를 매긴 것이다. 일례로, 그 마을에서 제일 처음에 있는 전답은 '천자(天字) 1답(畓)' 이런 식으로 논과 밭의 순서를 매긴 것이다. 그리고 '1결(決) 1부(負) 1속(束)' 따위의 구절은 소위 전답의 넓이를 말한 것이다.

이 문서도 논의 주인인 김생원댁 노비 장쇠(長釗)가 유성오(劉成吾)에게 전답을 파는 문서이다.

● 가경(嘉慶) 19년(1814) 갑술년 11월 24일 신씨네 노비 태○(太□)에게 주는 명문(明文)이다.

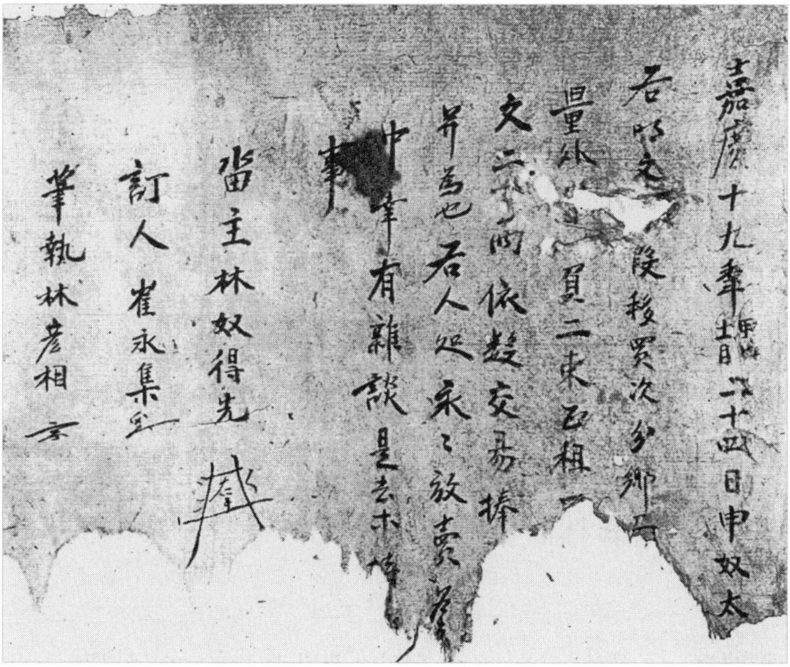
嘉慶十九年甲戌十一月二十四日申奴太

右明文

量外

文二十兩依數交易捧

幷爲也 右人處 永永放賣

中萬有雜談

事

畓主 林奴得先

訂人 崔永集

筆執 林彥相

위 명문은 이매(移買)하려는 차에 분향면 □---□[70] 量外□ □부(負) 2속(束) 정조(正租) □□을 가절전문(價折錢文)한 돈 20냥의 숫자에 의하여 교역하여 봉상(捧上)하려 한다. □---□幷爲也 위 사람에게 영영 방매하니, 후일에 만약 자손 중에서 잡다한 말을 하면 이 문서를 지참

70 □---□ : 이는 문서가 오래되어서 글자가 탈락되어 알아보기 어렵기 때문에 □---□으로 표시한 것이다.

하고 (관청에 고발하여 바르게 바로잡을) 것이다.

답주(畓主) : 임씨네 노비 득선(得先)이 수결(手決)했다.

증인(證人) : 최영집(崔永集)이 수결(手決)했다.

집필(執筆) : 임언상(林彦相)이 수결했다.

○嘉慶十九年 甲戌 十一月 二十四日 申奴 太□ 明文
右明文事段 移買次 分鄕面 □---□ 量外□ □負 二束
正租□ 價折錢文二十兩 依數交易 捧上 □---□并爲
也 右人處 永永放賣爲去乎 後日 若有子孫中 幸有雜
談是去等 持□---□事 畓主 林奴 得先 手決 證人 崔永
集 手決 執筆 林彦相 手決

필자 소견 이 문서는 답주(畓主) 임씨네 노비 득선(得先)이 신씨네 노비 태○(太□)에게 파는 명문이다. 원문의 문서가 파손되어서 전체의 글자를 알 수는 없지만 그래도 대체적인 내용은 알 수가 있다.

가경(嘉慶) 19년(1814)은 조선 순조 14년이니, 꼭 201년 전의 일이다. 오래된 문서인지라 하단이 떨어져서 글씨가 보이지 않는다. 본문에서 보이듯이 노비의 수결은 모두 정(井)자를 그린 뒤에 수결하였으니, 이런 방식은 혹 당시에 노비들이 수결하는 하나의 방식이었을 것 같다.

● 광무1년(1897) 정유년 4월 박대구댁(朴大邱宅)의 노비 창근(昌根)의 앞에 주는 명문(明文)이다.

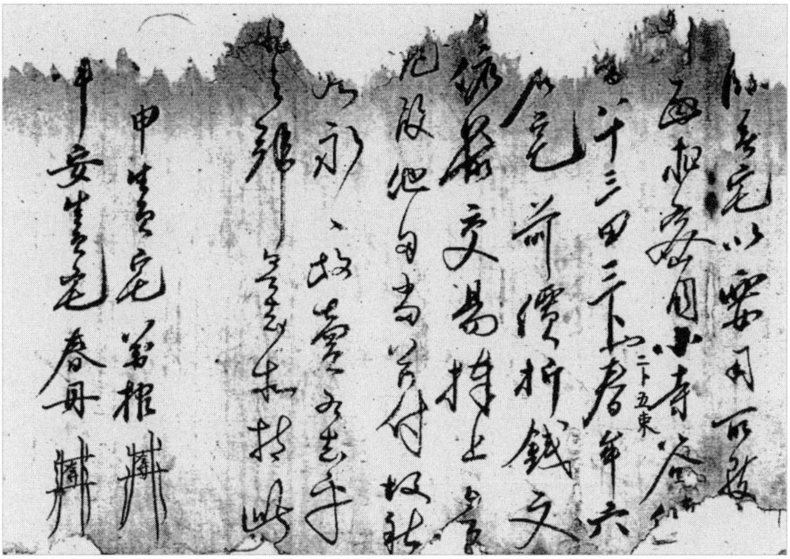

□□□□無宅 긴요하게 쓰일 일이 있기 때문에, 남양(南陽) 분향면 구밀동 소사곡(小寺谷)의 □---□논과 81전(田) (三卜) 2복(卜) 5속(束)을 봄보리 6□---□댁 앞에 가절전문(價折錢文)의 숫자를 의지하여 교역하고 올려드리오니, □--□기(記)는 다른 전답과 모두 합부하였기 때문에 신(문기)를 영영 방매하오니, (만약) 시비를 거는 폐단이 있으면 이를 지참하고 (관청에 고하여 바르게 변정할 것이다.)

답주(畓主) : 신생원댁 (노비) 만근(萬根)

집필(執筆) : 안생원댁 (노비) 춘단(春丹)

○(光武一年 丁酉 四月 朴大邱宅奴 昌根前 明文)

□□□□無宅 以要用所致 南陽 汾鄕面 求密洞 小寺谷□---□畓 八十三田 三卜 二卜 五束 春麰六□---□宅前 價折錢文 依數交易 捧上□--□記段 他田畓幷付故新□---□ 永永放賣爲去乎 (若有)是非之端是去等 持此□---□

(畓主) 申生員宅 萬根

執筆 安生員宅 春丹

필자 소견 이 문서는 고령신씨 고천파에서 발행한 《가장집(家藏集)》에서 발췌하였는데, 문서가 탈락된 곳이 많은 문서이다. 서두(書頭)의 "光武一年 丁酉 四月 朴大邱宅奴 昌根前 明文"은 본 명문에는 없는데, 신씨네 '가장집' 에는 있으므로, 이를 따랐다. 아마도 피봉이나 그 무엇을 보고 썼을 것으로 사료되는 부분이다. 그리고 본문의 '三卜二卜五束' 의 부분은 '三卜' 밑에 '二卜五束' 으로 수정하였으므로, 본문의 해석에는 '三卜' 은 ( )에 넣어 번역하지 않았으며, 또한 말미의 '(畓主)' 는 탈락한 것으로 보아 필자가 ( ) 안에 '답주(畓主)' 를 넣었으며, '申生員宅 萬根' 과 '安生員宅 春丹' 등에는 '奴' 자가 없지만, 이들은 문맥으로 보아 노비가 확실하므로, 필자가 '노비' 를 넣어서 해석을 붙였다.

● 노복 경남처(庚男處)에

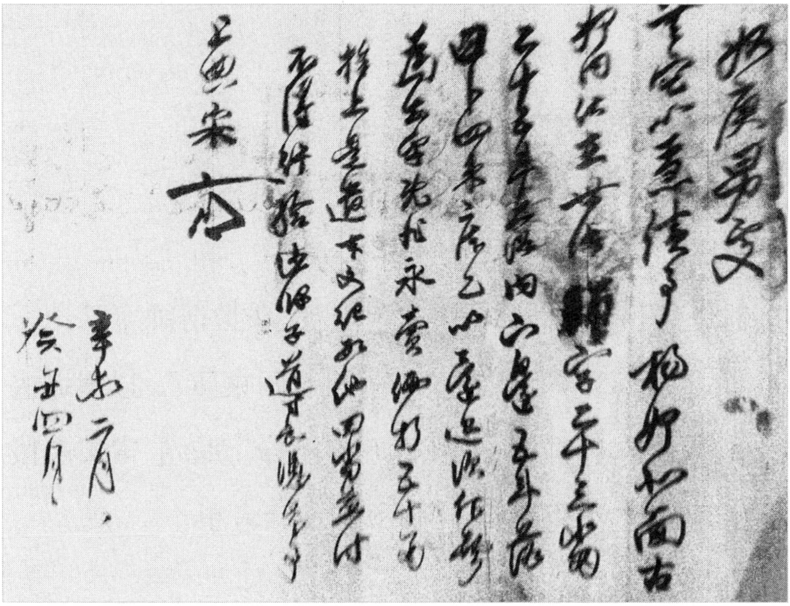

다름이 아니고 급채(急債)의 건으로, 양주 북면 고주내(古州內)에 복재(伏在)한 대대로 전하는 사자(師字) 23답(畓) 25두락 안의 아래에 있는 5두락 4짐 4속(束)의 논을 환퇴(還退)[71]하려는 차에 척매(斥賣)[72] 하려 한다. 이미 아주 팔려는 것은 아니었고, 가절(價折)한 금액 50냥을 받았으나, 본 문기(文記)는 다른 전답에 병부(幷付)되어서 허급(許

71 환퇴(還退) : 한번 샀던 땅이나 집 따위를 도로 무름.

72 척매(斥賣) : 헐값으로 마구 팖.

給)할 수가 없다. 그러므로 이 패자(牌子)[73]를 따라 빙고(憑考)할 것이다.

상전(上典) 송(宋)

신해년 2월 일

계축년 2월 일

○奴庚男處

無他以急債事 楊州北面古州內 伏在世傳師字二十三畓 二十五斗落內 下邊五斗落四卜四束庫乙 以還退次斥賣爲去乎 旣非永賣 價折五十兩捧上是遣 本文記段他田畓幷付 不得許給 此牌子導良憑考事

上典宋

辛亥二月 日

癸丑四月 日

필자 소견 상전(上典)인 송(宋)이라는 사람이 노비 경남에게 급히 돈을 차입(借入)하였기에 논을 팔아서 50냥을 받았으나, 이 논의 등기가 다른 논에 붙어있으므로 논의 문서는 넘겨줄 수가 없고 다만 패자를 써서 주니

73 패자(牌子) : 조선시대, 지위가 높은 사람이 낮은 사람에게 어떤 일을 맡기기 위해 권한을 위임하는 증거로 주던 공식적인 글.

다음에 무슨 일이 생기거든 이 패자를 관청에 증거로 삼으라는 내용이다.

이 문서는 행초로 쓰인 문서이다. 이를 노비인 경남에게 주었으니, 아마도 노비 경남은 이러한 행초로 쓴 글을 아무 거리낌 없이 읽어내는 노비가 아이었나 하고 생각한다.

말미에 "신해년 2월 일. 계축년 2월 일"이라고 쓴 것은 무슨 내용인지 잘 모르겠다.

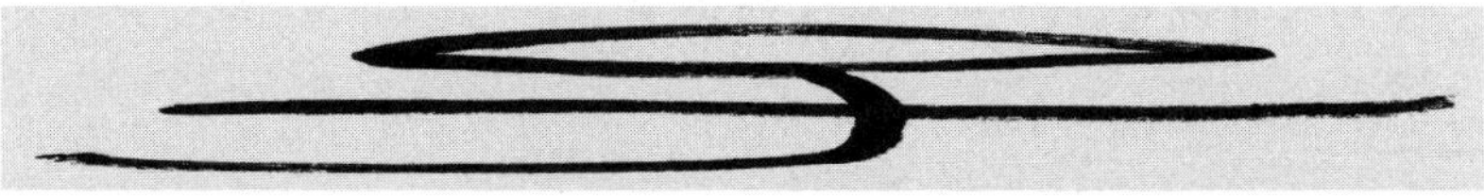

● 차노(差奴)[74]인 경남(庚男)의 처소에 부친다.

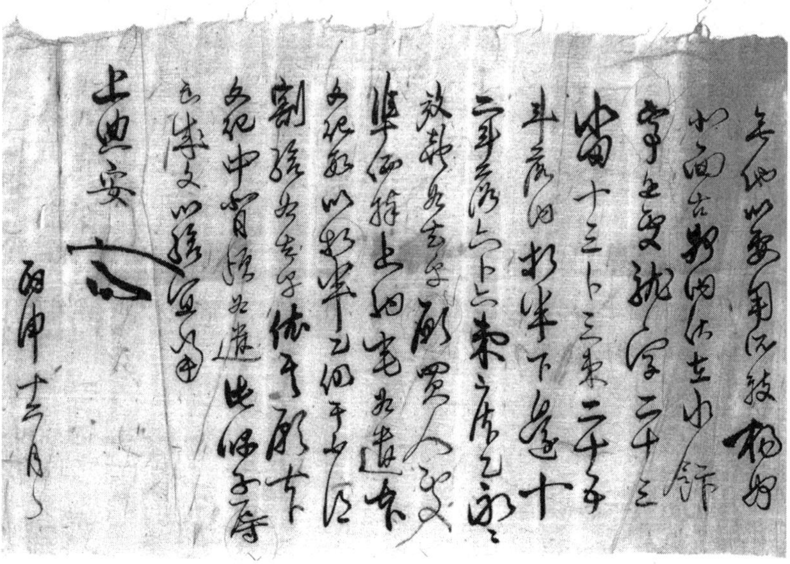

다름이 아니고 긴요하게 쓸 일이 있기 때문에, 양주 고주내의 안에 숨겨져 있는 수반정(水飦亭)의 근처에 있는 용자(龍字) 23답(畓) 13짐 3속(束) 25두락 안의 절반의 아래 12두락 5짐 6속(束)의 곳을 영영 방매(放賣)하기로 하오니, 사기를 원하는 사람에게 준가(準價)[75]에 귀댁에 올려드리려고 한다.

본 문기는 절반이기 때문에 부득이 쪼개어서 만들려고 하오니, 그것을 의지하여 원하는 본 문기 중에 배탈(背頉 : 토지나 노비문서 등의 뒷

---

74 차노(差奴) : 주인에게 위임받은 노비.

75 준가(準價) : 제 가치에 딱 맞는 값.

면에 변경된 내용을 적는 일)하니, 이 패자(牌子)[76]를 따라서 문서를 만들어서 주는 것이 마땅하다.

상전(上典) 안(安) 수결(手決)하다.

병신년 12월 일

○差奴庚男處付

無他 以要用所致 楊州北面古州內 伏在水飦亭近處 龍字二十三畓十三卜三束二十五斗落內 折半下邊 十二斗落六卜六束庫乙 永永放賣爲去乎 願買人處準價捧上納宅爲遣 本

文記段 以折半乙仍于 不得割給爲去乎 依其願本文記中 背頉爲遣 此牌子導良 成文以給宜當 上典 安 手決

丙申 十二月 日

필자 소견 차노(差奴)인 경남은 주인의 위임을 받아서 일을 처리하는 노비이니, 꽤나 똑똑한 노비인 듯하다. '이 노비가 얼마나 똑똑하면 주인을 대신해서 전답매매를 맡았겠나!' 하고 생각한다.

이 문서는 세종대왕의 부마(駙馬 : 사위)이고 정의공주의 남편인 안맹담의 자손 종가집에서 나온 문서이다. 정의공주는 세종의 둘째딸로 훈민정음 창제에도 지대한 공로가 있었다고 전한다.

76 패자(牌子) : 조선시대, 지위가 높은 사람이 낮은 사람에게 어떤 일을 맡기기 위해 권한을 위임하는 증거로 주던 공식적인 글.

● 차노(差奴) 태이처(太伊處)에

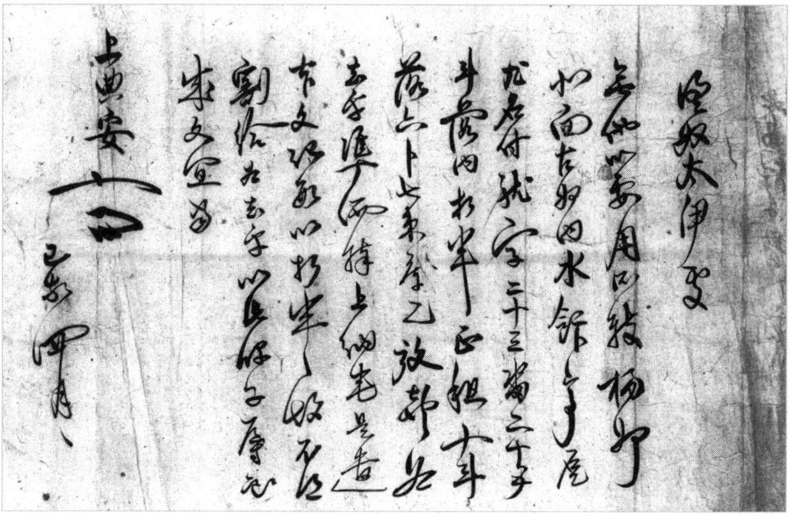

다름이 아니고 긴요하게 쓸 일이 있기 때문에, 양주 북면 고주내 수반정(水飯亭)의 돌비명(乭非名)에 붙은 용자(龍字) 23답(畓) 25두락 안의 절반인 정조(正租) 10두락 6짐 7속(束)의 곳을 방매하므로 준가(準價)에 올려서 집에 들이고, 본 문기는 절반이기 때문에 부득이 할급(割給)[77]하오니, 이 패자(牌子)를 가지고 드디어 문기를 만듦이 의당하다.

상전(上典) 안(安) 수결(手決)하다.

기해년 4월 일

77 할급(割給) : 문서를 나누어서 지급함을 말함.

○差奴太伊處

無他 以要用所致 楊州北面古州內水飯亭乭非名 付龍字二十三畓二十五斗落內折半 正租十斗落 六卜七束庫乙 放賣爲去乎 準價捧上納宅是遣 本文記段 以折半之故 不得割給爲去乎 以此牌子導良 成文宜當 上典安 手決 己亥 四月 日

필자 소견 원래 노비는 성(姓)이 없었다. 그러므로 '경남'·'태이'·'춘단'·'만금' 등의 이름은 있으나, 그 앞에 붙어야 할 성은 없는 것이다.

이 문서도 안씨의 집안에서 그 차노(差奴)인 태이에게 어느 논을 어떤 값에 할급하여 줄 것이니, 이 논을 팔라는 문서이다.

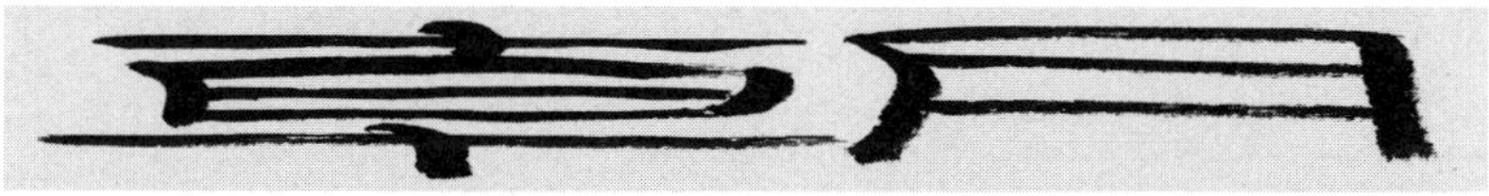

● 노비(奴婢) 돈금(頓金)에게

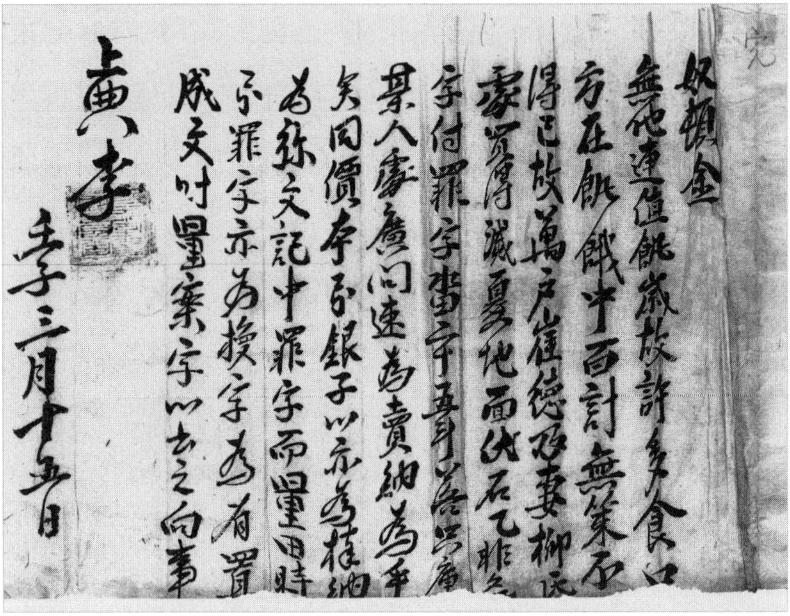

다름이 아니고 연이은 흉년을 만났기 때문에 많은 식구가 바야흐로 기아(飢餓) 중에 있고, 그리고 여러 가지 계책이 실효가 없어서 부득이 죽은 만호(萬戶)[78] 최덕급(崔德及)의 아내 유씨가 소유한 전답, 즉 걱정을 없앨만한 땅을 매득하고, 복재한 돌비□(乭非) ○자를 죄자(罪字)에 붙인 논 25두락을 모씨에게 널리 문의하여 속히 사들일 것이며, 본권(本卷)의 은자(銀子)와 같은 가격에도 또한 봉납(捧納)[79]할 것이라

78 만호(萬戶) : 조선시대, 각 도의 여러 진에 배치되었던 종사품의 무관 벼슬.

79 봉납(捧納) : 1. 바쳐 올리다. 2. 거두어 받아들이다.

하였다.

문기(文記) 중에 죄자(罪字)와 양전(量田)[80]할 때의 문권의 죄자(罪字)도 또한 글자를 바꾸어서 문서를 만들 때의 양안자(量案字)로 쓸 것이다.

상전(上典) 이(李)

임자년 3월 15일

○奴頓金

無他 連値飢歲 故許多食口 方在飢餓中 百計無策 不得已故萬戶崔德及妻柳氏處 買得滅憂地面 伏乭非□字付罪字畓 二十五斗落只庫 某人處廣問 速爲賣納爲乎矣 同價本卷銀子 以亦爲捧納爲於 文記中罪字 而量田時卷罪字 亦爲換字爲有値 成文時量案字 以書之向事 上典李 壬子 三月 十五日

필자 소견 이 문서는 상전(上典)인 이씨가 자신의 노비인 돈금(頓金)에게 지시한 내용이다. 연이은 흉년으로 모든 사람들이 기아에 허덕이고 있으니, 만호 최덕급의 아내 유씨의 명의로 된 기름진 전답을 사라는 내용이

80 양전(量田) : 1. 논밭을 측량함. 2. 고려와 조선시대, 논밭의 경작 상황을 파악하기 위하여 토지의 넓이를 측량하던 일.

고, 죄(罪)자의 문서로 되어있는 글자를 바꾸어서 양안(量案)을 할 당시의 글자로 바꾸라는 내용이니, 이는 죄(罪)자가 상서로운 뜻이 아닌 죄인을 연상케 하는 글자이므로 빨리 이 글자를 바꾸라는 내용이다.

상전인 이씨가 행초가 뒤섞인 문서를 노비인 돈금(頓金)에게 주면서 이 내용을 읽어보고 일을 하라는 것이니, 이 돈금(頓金)이라는 노비는 행초를 잘 아는 노비로 사료된다.

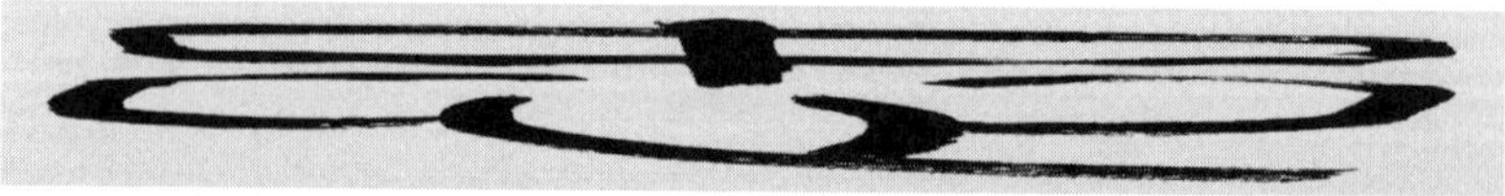

● 차노(差奴)인 경남(庚男)의 처소에 부친다.

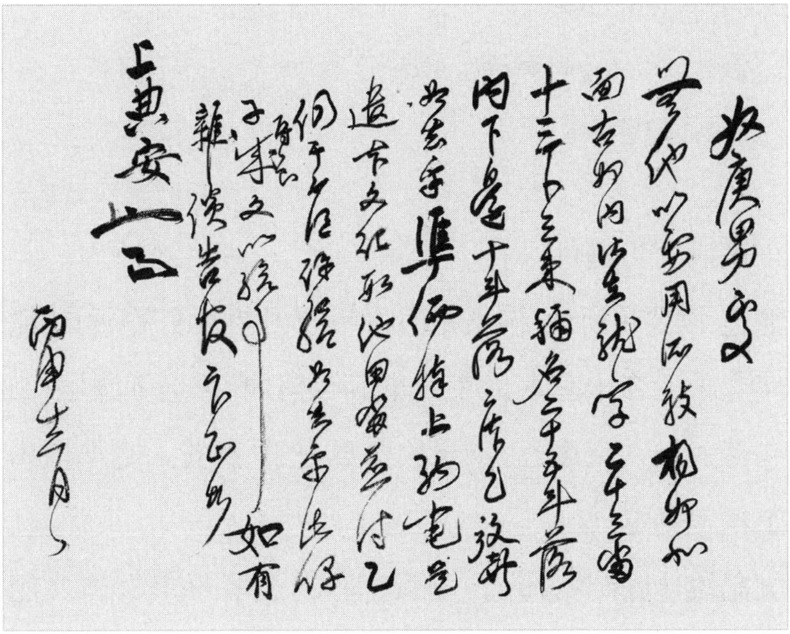

다름이 아니고 긴요하게 쓸 일이 있기 때문에, 양주 고주내의 안에 숨겨진 수반정(水飦亭) 근처에 있는 용자(龍字) 23답(畓) 13복(卜) 3속(束)의 25두락 안의 절반의 아래에 있는 12두락 5짐 6속(束)의 전답을 영영 방매(放賣)하기로 하오니, 사기를 원하는 사람에게 준가(準價)[81]에 판매하여 집에 들일 것이다.

본 문기는 절반이기 때문에 부득이 쪼개어서 만들려고 하오니, 그

81 준가(準價) : 제 가치에 딱 맞는 값.

것을 의지하여 원하는 본 문기 중에 배탈(背頉, 토지나 노비문서 등의 뒷면에 변경된 내용을 적는 일)하고 이 패자(牌子)[82]를 따라서 문서를 만들어서 주는 것이 마땅하다.

상전(上典) 안(安) 수결(手決)하다.

병신년 12월 ○일

○差奴庚男處付

無他 以要用所致 楊州北面古州內 伏在水鉎亭近處 龍字二十三畓十三卜 三束二十五斗落內 折半下邊 十二斗落六卜 六束庫乙 永永放賣爲去乎 願買人處準價捧上納宅爲遣 本

文記段 以折半乙仍于 不得割給爲去乎 依其願本文記中 背頉爲遣 此牌子導良 成文以給宜當 上典 安 丙申十二月 日

필자 소견 이 문서는 상전(上典)인 안씨가 노비인 경남(庚男)에게 이 문서를 써서 주면서 자신의 일을 노비에게 위임한 내용이다.

이 문서는 거의 진초(眞草)로 쓴 문서이니, 이를 받은 노비 경남(庚男)은 반드시 초서에 달통한 사람으로 사료된다.

---

82 패자(牌子) : 조선시대, 지위가 높은 사람이 낮은 사람에게 어떤 일을 맡기기 위해 권한을 위임하는 증거로 주던 공식적인 글.

● 강희(康熙) 11년 임자년 4월 23일 안서산댁(安瑞山宅)[83] 묘직노(墓直奴) 석숭(石崇)에게 주는 명문(明文)[84]이다.

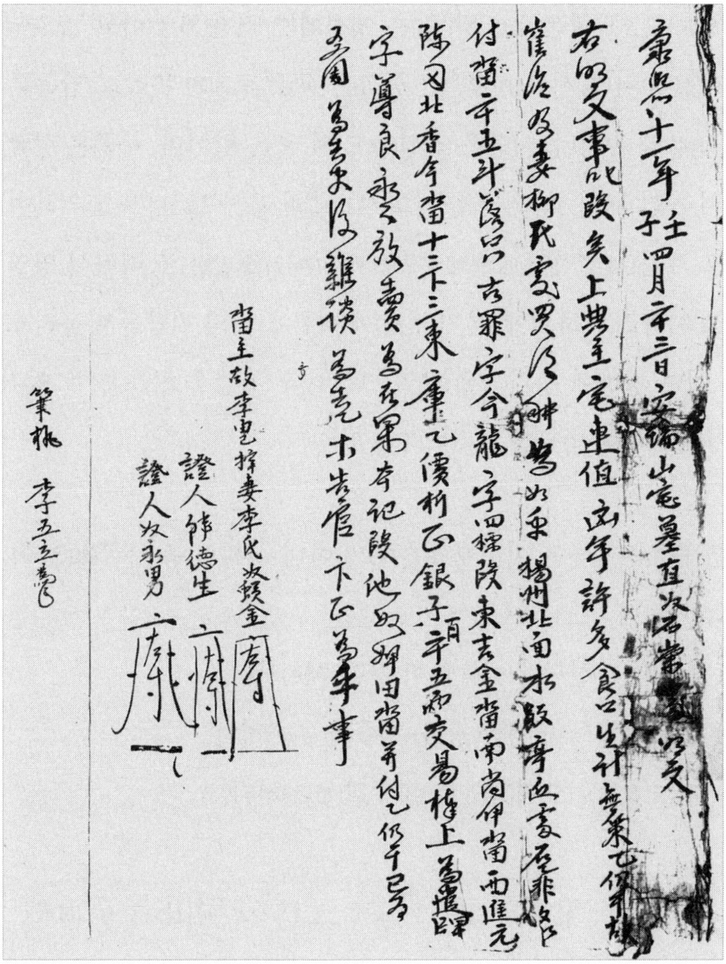

83 안서산댁(安瑞山宅) : 이는 안씨 성을 가진 사람이 서산군수를 지냈기에 그 지방에서 '안서산댁(安瑞山宅)' 으로 부르는 것이다.

84 명문(明文) : 어떤 사실을 증명하는 문서.

위의 명문(明文)은 저의 상전댁이 연이어 흉년을 만나서 많은 식구의 생계대책이 없음에 따라 죽은 최덕급(崔德及)의 아내 유씨(柳氏) 처의 땅을 매득하여 경작하려 하므로, 양주 북면 수반정(水飯亭) 근처 돌비(乭非) ○에 붙은 논 25두락은 옛적에는 죄자(罪字)이고, 오늘날은 용자(龍字)이며, 사표(四標)[85]는 동쪽은 길금(吉金)의 논이고, 남쪽은 상이(尙伊)의 논이며, 서쪽은 진원(進元)의 묵은 밭이며, 북쪽은 향금(香今)의 논인 13짐 3속의 곳을 가절(價折)[86]한 은자 125냥을 교역하여 올리고, 패자〔牌字, 천민에게 내려주는 패지(牌旨)를 말함〕도 따라서 영영 방매(放賣)하려고 하기에, 본기(本記)에 다른 노비의 전답을 아울러 붙인다. 이미 쌍방에 주지(周知)하였으니, 이후 잡담을 하는 자가 있거든 관가에 고하여 바로잡을 것이다.

답주(畓主) : 죽은 이병재(李甹梓)의 아내 이씨의 종 부금(蚹金)이 수결(手決)하다.

증인(證人) : 한덕생(韓德生)이 수결(手決)하다.

증인(證人) : 노비 영남(永男)이 수결(手決)하다.

필집(筆執) : 이오립(李五立)이 수결(手決)하다.

○康熙十一年壬子 四月二十三日 安瑞山宅 墓直奴 石

85 사표(四標) : 사방의 경계를 알리는 표.

86 가절(價折) : 1. 물건 따위의 값을 헤아려 결정함. 2. 물건 따위의 값을 깎음.

崇處 明文

右明文事叱段 矣上典主宅 連値凶年 許多食口 生計無策乙仍于 故崔德及妻柳氏處 買得耕爲如乎 楊州北面水飯亭近處 乭非□付畓 二十五斗落只 古罪字今龍字四標段 東吉金畓 南尙伊畓 西進元陳田 北香今畓 十三卜三束庫乙 價折正銀子百二十五兩 交易捧上爲遣牌字導良 永永放賣爲在果 本記段 他奴婢田畓并付乙仍于 已爲雙周爲去乎 後雜談爲去乙等 告官卞正爲乎事

畓主 故李粤梓妻李氏奴 蝜金 手決 證人 韓德生 證人手決 奴永男 手決 筆執 李五立 手決

필자 소견 본문의 '묘직노(墓直奴)'는 묘지를 지키면서 관리하는 노비를 말한다. 옛적 양반의 집에는 많은 식구가 살았으니, 양반가의 식구도 있고 이 집에 딸린 노비와 노비의 자녀도 같이 살고 있으니, 실로 많은 사람이 한집에 사는데, 연이어 흉년이 들어서 모든 사람들이 초근목피로 겨우 연명하는 때이었기에, 양반으로 상전인 자는 자신에게 딸린 식구들에게 먹을 양식을 주어서 연명하게 할 책임이 있는 것이다. 그러므로 전 만호인 최덕급(崔德及)의 아내 유씨(柳氏)가 가지고 있는 전답을 매득하려고 하는 것이다.

왜 이 전답을 사야 하는가! 필자의 생각에는 이 전답은 아마도 한발이 와서 다른 논밭은 모두 곡식이 타들어가도 유독 이 전답만은 물을 댈 수가 있어서 곡식을 생산할 수가 있기 때문에 이 땅을 사려는 것일 것이다.

수결한 것을 보면 이병재(李粤梓)의 아내 이씨의 노비 부금(蝜金)이 수결했고, 증인(證人)은 노비 영남(永男)이 수결(手決)하였는데, 이들이 모두 노비의 신분인데도 당당히 문서에 수결한 것을 보면 양반과 대등한 관계에서 세상을 살아가는 사람인 듯하다.

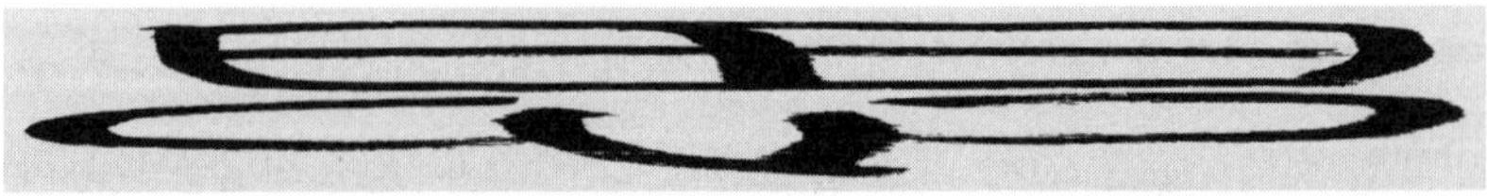

● 노명소지(奴名所志)[87]

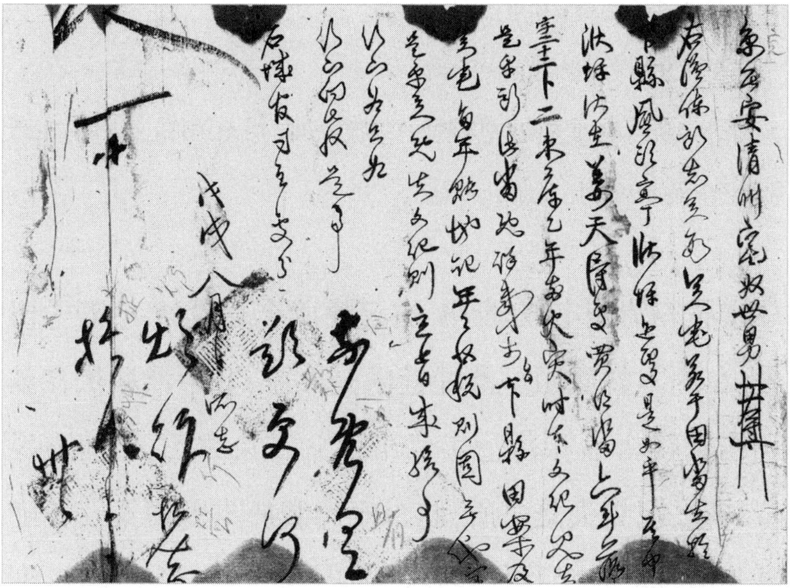

서울에 사는 안청주댁(安淸州宅)의 노비 세남(世男)이 삼가 진술하는 소지(所志)는 저희 집에 약간의 전답(田畓)이 본현(本縣)의 봉두정(鳳頭亭) 보평(洑坪)의 근처에 있으니, 그중에 보평(洑坪)에 복재(伏在)한 강천득(姜天得)이 매득(買得)한 논 6두락 ○자(字) 22짐 2속(束)의 전답은 지난해 화재 시에 본 문기(文記)를 잊어버린 것인데, 이 논은 이미 본 현의 전안(田案) 및 저희 집의 당년의 도지(賭地) 기록과 해마다 걷는 수세(收稅)에 상세히 기록되어 있어서 진실로 다를 것이 없으

87 노명소지(奴名所志) : 예전에, 주인이 종의 이름으로 소송을 제기하는 일을 이르던 말.

니, 이미 잃은 문기(文記)의 입지(立旨)[88]를 만들어서 지급하도록 명령을 내릴 일입니다.

석성관사주(石城官司主) 처분(處分)

무술년 8월 일 소지(所志)

재결(裁決) : 전에 이미 한탄함이 있었는데, 다시 어찌 번거롭게 행하는가! 영(營)에서 □□□ 30일

○京居安淸州宅奴 世男 右謹陳所志矣段 矣宅若干田畓 在於本縣鳳頭亭洑坪近處是如乎 其中洑坪伏在姜天得買得畓六斗落□字二十二卜 二束庫乙 年前火災時 本文記見失是乎所 此畓旣詳載於本縣田案及矣宅當年賭地記年年收稅 則固無他□是乎矣 旣失文記 則立旨成給事 行下爲只爲行下向敎是事

石城官司主 處分

戊戌 八月 日 所志

재결(裁決) 前旣有歎 更何煩行 營□□□ 卅日

88 입지(立旨) : 관부(官府)에서 판결문을 쓰고 관인을 찍어 개인이 청원한 사실을 공증해 주던 문서. 조선 중기 이후부터 통용된 문서 양식으로, 토지 문기(土地文記), 노비 문기(奴婢文記) 따위를 분실 · 도난 · 소실하였을 때 문서가 없어서 발생하는 문제를 예방하기 위하여 이를 발급하는 경우가 많았다.

필자 소견 이는 노비의 명의로 낸 소지(所志)[89]이니, 이 문서를 보면 조선 시대에는 관청에 탄원서를 내면서, 자신의 이름을 대신하여 자신의 노비의 이름으로 낸 것이다. 이런 탄원서 같은 상서롭지 않은 문서를 내면서 지체가 높은 양반의 이름을 올리지 않은 것을 볼 수가 있다.

예나 지금이나 집에 화재가 나면 가옥이나 토지의 문서가 불에 소실되어 없어지니, 이 없어진 문서를 다시 만들려고 이렇게 노비의 이름을 빌려서 편법을 쓴 것 같다.

노비 자신의 이름으로 소지(所志)를 냈다면, 필경 이 노비는 이 문서의 초서를 읽을 수 있는 노비였을 것으로 생각한다.

89 소지(所志) : 예전에, 청원이 있을 때에 관아에 내던 서면.

● 건륭 4년 기미년(1739) 4월 12일 외손 안광택(安光宅)에 특별히 주는 문서이다.

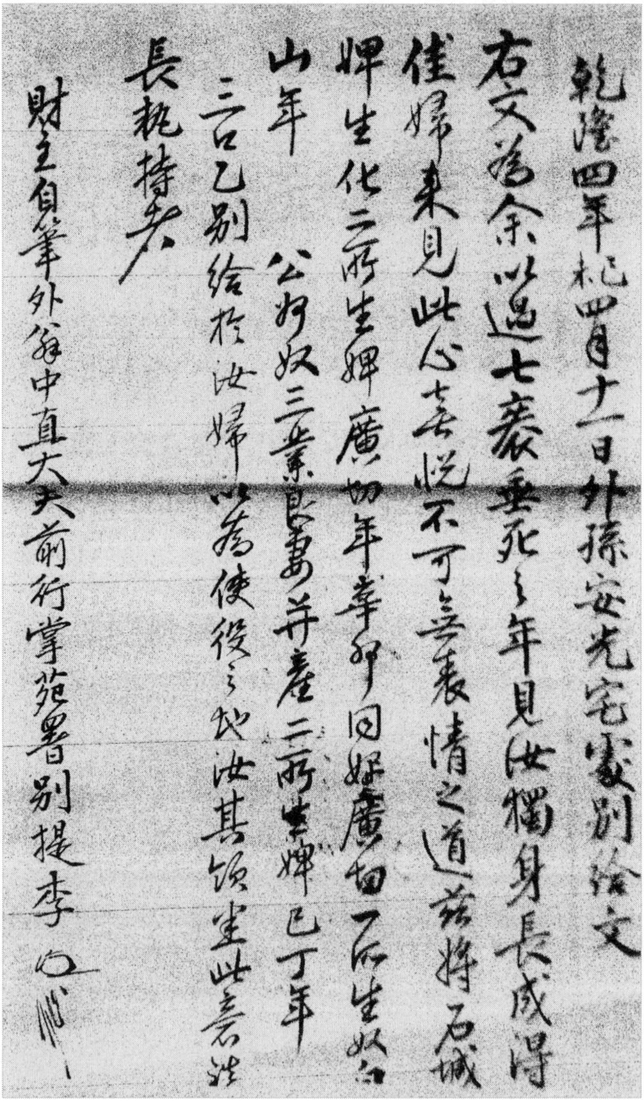
乾隆四年己未四月十二日外孫安光宅處別給文
右文爲余以邁七衰垂死之年見汝獨身長成得
佳婦來見此心喜悅不可無表情之道茲將石城
婢生化二所生婢廣切年辛卯同婢廣切一所生奴合
山年 公奴奴三丕業良妻并產二所生婢己丁年
三口乙別給於汝婦以爲使役之地汝其傳世喜注
長格持者
財主自筆外翁中直大夫前行掌苑署別提李

우문(右文)은 내가 70세를 넘어 죽을 나이인데, 네가 독신으로 성장하여 아름다운 부인을 얻고 찾아와서 뵙는 것을 보니, 마음에 기쁨을 표하지 않을 수 없어서, 이에 석성에 사는 노비의 소생인 화이(化二)의 소생 노비 광절(廣切), 나이 신묘생이고, 같은 노비 광절(廣切)의 첫째 소생 노비 백산(白山), 나이 ○○, 공노비 삼업(三業)이 양처(良妻)와 같이 생산한 둘째 소생의 노비 기정(己丁) 나이 ○○ 3인을 특별히 너의 부인에게 주어서 부리게 할 것이니, 너는 이런 뜻을 받아서 길이 집지(執持)[90]할 것이다.

재주(財主) 자필이다. 외옹(外翁) 중직대부(中直大夫) 전행(前行)[91] 장원서[92] 별제(掌苑署別提) 이(李) 수결(手決)하다.

○乾隆四年己未 四月十一日 外孫安光宅處 別給文

右文 爲余以過七耋 垂死之年 見汝獨身長成 得佳婦來見 此心喜悅不可無表情之道 玆將石城婢生化二所生婢廣切 年辛卯 同婢廣切一所生奴白山 年 公婢奴三業

90 집지(執持) : 확실한 소관이나 소신을 잡음.

91 전행(前行) : 전에 행직(行職)으로 나갔다는 말이니, 고려와 조선시대에 쓰던 관직 호칭법의 하나. 품계가 높은 사람을 낮은 관직에 임명하는 경우를 행(行), 품계가 낮은 사람을 높은 관직에 임명하는 경우를 수(守)라고 하였다.

92 장원서 : 조선시대에, 대궐 안에 있는 정원의 꽃과 과실나무 따위의 관리를 맡아보던 관아. 건국 초기에는 동산색(東山色), 상림원(上林園)으로 부르다가 세조 12년(1466)에 이 이름으로 고쳤다.

良妻幷産二所生婢 已丁年 三口乙 別給於汝婦 以爲使役之地 汝其領悉此意 鎭長執持者
財主 自筆外翁 中直大夫 前行掌苑署別提 李 手決

필자 소견 이 문서는 외손자에게 노비 3인을 넘겨주는 문서이다. 70세가 넘은 외할아버지께 외손자가 아내를 얻어서 같이 와서 인사를 드리니, 외조께서는 기뻐하면서 노비 3인의 문서를 넘겨주는 것으로 상급을 준 것이다.

조선에서의 노비는 하나의 물건에 불과하게 여겼으니, 주인이 타인에게 팔수도 있고 자녀에게 유산으로 급여할 수도 있는 존재이다. 이러므로 조선에서는 노비를 주인 마음대로 처리할 수가 있었다.

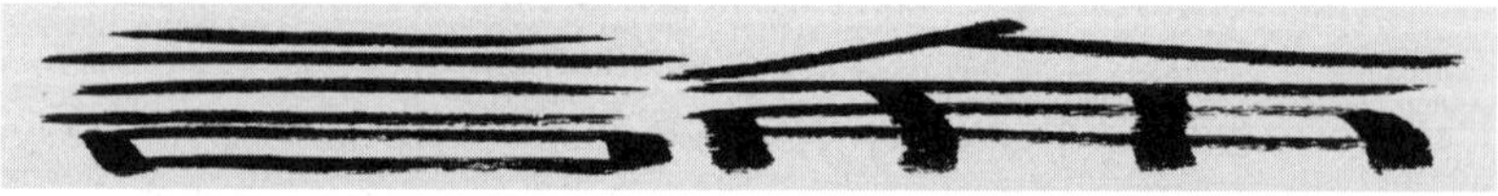

● 강희 33년(1694) 갑술년 정월 16일 장자(長子) 윤적(允迪)에게 주는 성문(成文)[93]이다.

위의 문서는 네가 자녀는 많지만 의지할 곳이 없으므로, 길주에 사는 죽은 노비 금봉(禽奉)의 여섯 번째 노비 순합(順合) 나이 ○○, 같은 노비의 일곱 번째 소생의 노비 채련(採蓮) 나이 26세, 같은 노비의 일곱째 소생인 계집종 기린(麒麟), 당시 나이 6세 및 해주의 노비 옥선의

93 성문(成文) : 글자로 써서 나타냄. 또는 그런 글이나 문서.

넷째 소생의 계집종 진옥 등 셋을 특별히 주므로, 너는 그를 영구히 사환으로 부리되, 뒤에 낳은 소생도 영구히 집지(執持 : 장악함)할 것이다.

자필이다. 노비의 주인 부(父) 안(安)이 수결(手決)하다.

○康熙三十三年甲戌 正月十六日 長子允迪處成文

右文 爲汝多子女無依爲乎等以 吉州居故奴禽奉六所生婢順合 年□□ 同婢七所生婢採蓮 年卄六 同婢七所生婢麒麟 代年六 及海州婢玉先四所生婢眞玉等 三口乙 特爲別給爲去乎 汝其鎭長使喚爲乎矣 後所生幷以永爲執持者

自筆婢主 父 安 手決

필자 소견 이 문서는 안모가 아들이 없는 장자에게 특별히 노비 6인을 지급하는 문서이다. 이곳에 보이는 길주의 노비와 해주의 노비 등은 외거노비에 속한다.

요즘에 장정 6인의 월급을 한 사람이 모두 받아갔는다면 상당히 많은 금액이 될 것이다. 일례로, 한 사람이 1,500,000원을 받는다면 6인이면 9,000,000원이 되니 상당한 금액이 된다. 위에 기록된 장자 윤적은 부친에게서 6명의 노비를 받았으니 월 9백만 원 상당의 돈을 받는 것과 같다. 이는 최소의 금액으로 계산한 것이고, 만약 2백만 원으로 계산하면 12,000,000원이 나오는 셈이 되니, 윤택한 삶을 살 수가 있는 것이다.

● 강희(康熙) 17년 무오년(1678) 4월 20일 신은률댁(申殷栗宅)의 노비 금이(金伊) 앞에 주는 명문(明文)[94]이다.

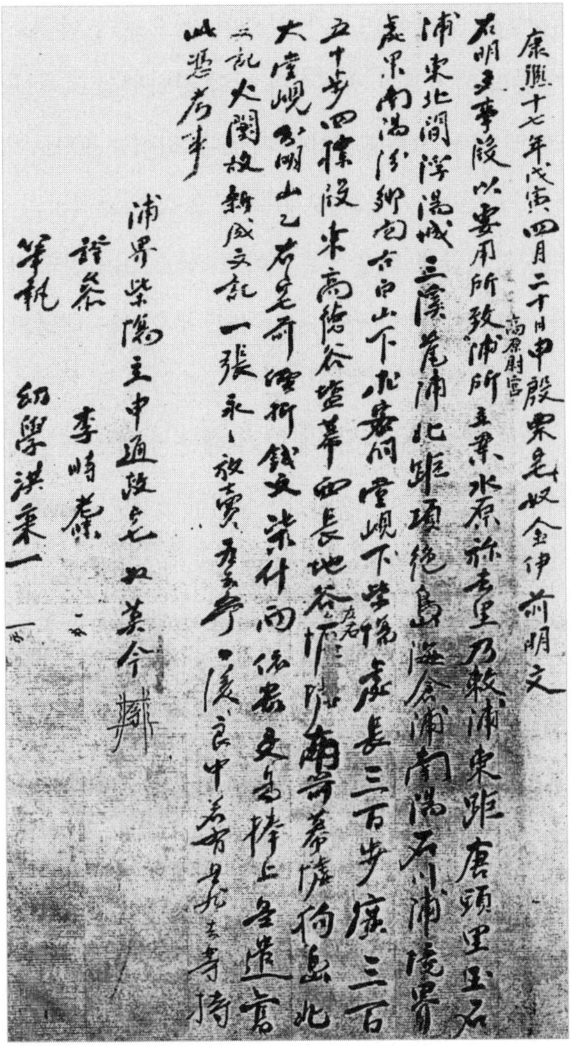

94 명문(明文) : 글로 명백히 기록된 문구. 또는 그런 조문(條文).

위의 명문은 긴요하게 써야 하기 때문에 고원위궁(高原尉宮)[95]의 포소(浦所)[96]에서 입안(立案)[97]한 것으로, 수원의 며거리(旀去里)는 바로 칙포(敕浦)이니, 동으로는 당두리의 옥석포에 이르고 동북의 사이에는 부양성(浮陽城)의 삼계미포가 있으며, 북으로는 항절도(項絶島)의 해창포와 남양의 석천포의 경계처와 남양 분향면의 고백산 아래 구밀동의 당현 아래의 시장(柴場)[98]처에 이르니, 길이는 300보이고 넓이는 350보이며, 사표(四標 : 사방의 경계)는 동으로는 고덕골의 염막(鹽幕)이고, 서로는 장지골의 좌우 □□[99]이며, 남으로는 전막(箭幕 : 살대로 설치한 장막)의 터가 있는 구도(狗島)이고, 북으로는 대당고개의 분명산(分明山)이 있는 을우댁의 앞이니, 가절(價折)한 돈 70냥으로 교역하여 올리고, 구문기(舊文記)는 불에 탔기 때문에 새로 만든 문기 1장으로 영영 방매하니, 오늘 이후에 만일 시비하는 일이 있거든 이 문서를 지참하고 고증할 것이다.

포계시장주(浦界柴場主) : 신 통정댁의 노비 막금(幕今)

증참(證參) : 이시노미(李時奴味)

---

95 고원위궁(高原尉宮) : 황해도 은율현감을 지낸 신대식(申大拭 : 1588~1654)공의 집을 지칭함.

96 포소(浦所) : 강물이나 냇물이 바다나 호수로 들어가는 어귀.

97 입안(立案) : 조선시대에, 관아에서 어떠한 사실을 인증(認證)한 서면(書面).

98 시장(柴場) : 고려 · 조선시대에, 국가에서 각 관청의 땔나무를 채취하도록 특별히 지정한 삼림 지역.

99 □□ : 원문의 글자가 깨져서 알 수가 없음.

필집(筆執) : 유학(幼學) 홍병일(洪秉一)

○康熙十七年戊寅(午) 四月二十日 申殷栗宅奴 金伊前 明文

右明文事段 以要用所致 高原尉宮 浦所立案 水原扵去里 乃敉浦 東距唐頭里玉石浦 東北間浮陽城三溪篭浦 北距項絶島海倉浦 南陽石川浦境界處果 南陽分鄕面 古白山下 求密洞堂峴下 柴場處長三百步 廣三百五十步 四標段 東高德谷鹽幕 西長地谷左右□□ 南箭幕墟狗島 北大堂峴分明山乙 右宅前價折錢文七十兩 依數交易 捧上是遣 舊文記火圍 故新成文記一張 永永放賣爲去乎 日後良中 若有是非去等持此憑考事

浦界柴場主 申通政宅奴 幕今

證參 李時奴味

筆執 幼學 洪秉一

필자 소견 이 문서는 고령신씨 가문의 고원위(高原尉) 신항(申沆)의 가문을 말한다.

노비 금이(金伊)에게 노비 막금(幕今)이 판매하는 문서이다. 막금은 포계 시장(柴場)의 주인이니, 아마도 외거노비인 듯하다. 시장(柴場)의 주인이라는 것은 나무를 팔고 사는 사업을 한다는 말이니, 아마도 사업자금을 마련하기 위하여 이 땅을 처분하는 것 같고, 그리고 이 땅을 사는 사람이 노비인 금이(金伊)라는 것이니, 금이(金伊)는 돈을 모아서 이 땅을 사고 막금은 사업을 위해 이 땅을 파는 내용이다.

이 문서는 행서로 쓴 글인데, 금이(金伊)의 앞에 써주는 문서이니, 아마도 금이(金伊)가 이 문서를 읽을 줄 알 것으로 사료된다.

증참(證參)에 참여한 이시노미(李時奴味)는 아마도 그 이름에 노미(奴味)가 들어가 있으므로 이 사람도 노비가 아닌가 하고 생각하게 한다.

● 건륭 74년 갑오년(1774)[100] 2월 22일에 이인흥(李仁興) 앞의 명문(明文)이다.

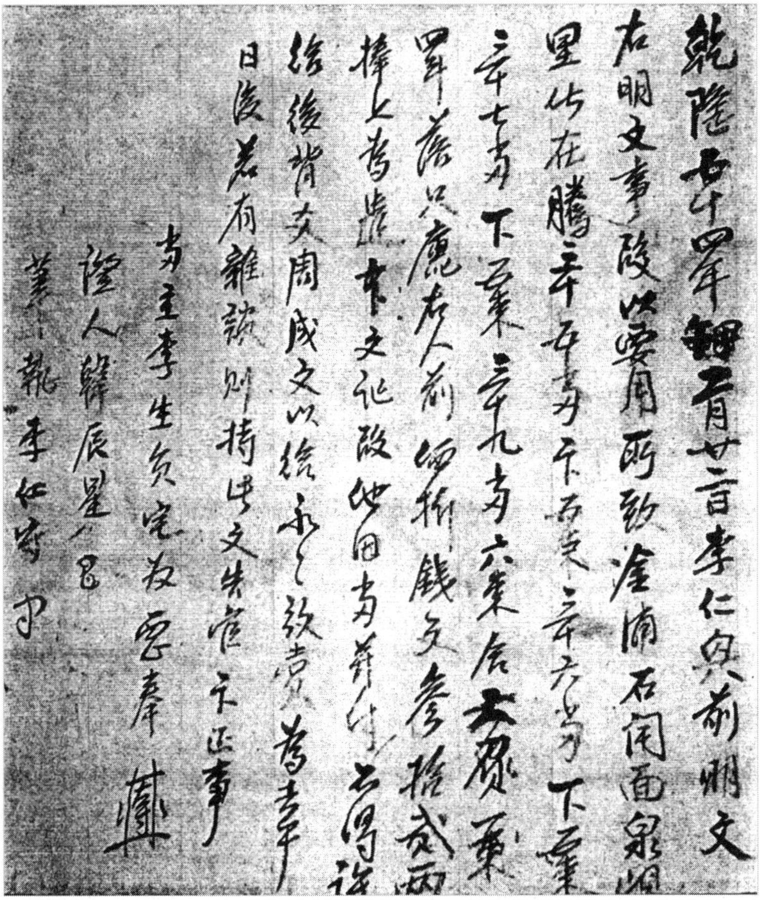

위의 명문은 긴요하게 쓸 일이 있기 때문에 김포 석한면 천현리에 잠복하여 있는 등(騰)자 35답 2짐 5속과 36답 1짐 5속과 37답 1짐 5속

100 건륭 연간의 갑오년은 39년인데, 74년이라 한 것은 착오인 듯하다.

과 39답 6속 등 도합 6짐 1속의 4두락을 우인(右人)의 앞에 가절(價折)한 돈 32냥을 올려드리고, 본 문기는 다른 전답에 같이 붙어있으므로 부득이 뒷면에 효주(爻周)[101]로 성문하여 주어 영원히 방매하니, 이 후에 만약 잡담이 있으면 이 문서를 지참하고 관청에 고하여 변정(卞正)[102]할 것이다.

답주(畓主) : 이생원댁 노비 악봉(惡奉)이 수결하였다.

증인(證人) : 한진성(韓辰星)이 수결하다

집필(執筆) : 이인수(李仁守)가 수결하다.

○乾隆七十四年甲午 二月 卄二日 李仁興前 明文

右明文事段 以要用所致 金浦 石閑面 泉峴里 伏在騰三十五畓 二卜五束 三十六畓 一卜五束 三十七畓 一卜五束 三十九畓 六束 合六負一束四斗落只庇 右人前價折錢文三十二兩 捧上爲遣 本文記段 他田畓幷付 不得許給 後背爻周成文以給 永永放賣爲去乎 日後若有雜談 則持此文告官卞正事

畓主 李生員宅奴 惡奉

101 효주(爻周) : 문서나 장부에서 '爻' 자 모양의 부호를 그어 내용을 지워버리는 일.

102 변정(卞正) : 변정(辨正)과 같은 말이니, 바르게 분별한다는 말이다.

證人 韓辰星

執筆 李仁守

필자 소견 이 문서는 이생원댁 노비 악봉(惡奉)이 이인흥(李仁興)이라는 양인(良人)에게 전답을 방매하는 문서이다.

이 문서는 악봉의 수결(手決)이 나오는데, 정(井)자를 크게 쓰고 그 안에 봉(奉)자를 넣었다. 대개 노비의 수결은 대략 정(井)자를 크게 긋고 그 안에 글자를 넣는 방식이고, 사대부의 수결은 노비의 수결과는 판이하게 다르게 했다. 이러한 수결 하나도 양반과 노비가 다르게 써서 분별을 하였던 것으로 사료된다.

● 광서 5년 기묘년(1879) 10월 초8일 신은률댁의 노비 노적(老積) 앞의 명문(明文)이다.

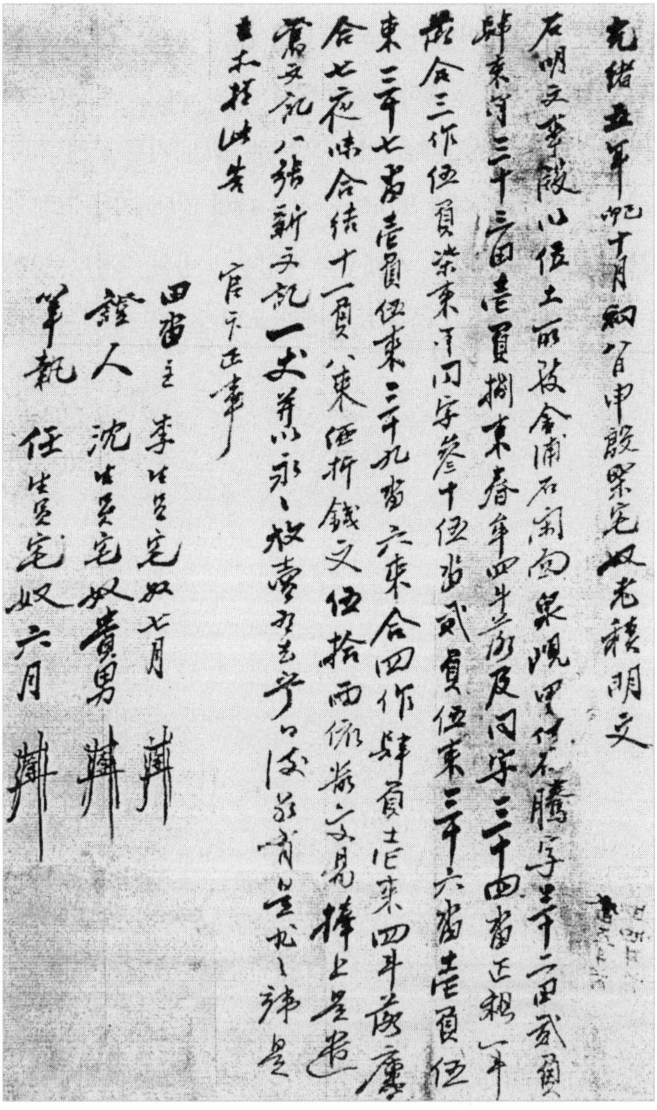
光緒五年己卯十月初八日申殷栗宅奴老積明文

위에 기록한 명문(明文)의 건은 위토(位土) 때문에 일어난 일로, 김포 석한면 천현리에 잠복하여 있는 등자(騰字) 32전(田) 2짐 4속과 33전(田) 1짐 8속의 봄보리 4두락 및 동자(同字) 34답(畓)의 정조(正租) 1두락을 합한 것이 삼작(三作) 5짐 7속이고, 동자(同字) 35답(畓)의 2짐 5속과 36답(畓)의 1짐 5속과 37답(畓)의 1짐 5속과 39답(畓) 6속을 합한 4작(作) 4짐 1속의 4두락의 곳 7배미를 합한 결(結)에 1짐 8속을 합한 전답을 가절(價折)한 돈 50냥에 숫자대로 교역하여 올리고, 구문기(舊文記) 8장과 신문기(新文記) 1장을 합하여 영영 방매하오니, 일후에 만약 시비를 거는 폐단이 있거든 이 문서를 지참하고 관청에 고하여 바르게 변론할 것이다.

전답주(田畓主) : 이생원댁(李生員宅) 노비 칠월이 수결하다.

증인(證人) : 심생원댁(沈生員宅) 노비 귀남이 수결하다.

필집(筆執) : 임생원댁(任生員宅) 노비 유월이 수결하다.

○光緖五年己卯 十月 初八日 申殷栗宅奴 老積 明文
右明文事段 以位土所致 金浦石閑面泉峴里 伏在騰字三十二田 貳負肆束果 三十三田 壹負捌束 春麰四斗落及同字三十四畓 正租一斗落 合三作五負柒束果 同字三十五畓 貳負五束 三十六畓 壹負五束 三十七畓 壹負五束 三十九畓 六束 合四作肆負壹束 肆斗落庤乙

合七夜味 合結十一負八束 價折錢文 五十兩依數交易
捧上是遣 舊文記八張 新文記一丈 幷以永永放賣爲去
乎 日後若有是非之端是去等 持此告官卞正事

田畓主 李生員宅奴 七月 手決

證人 沈生員宅奴 貴男 手決

筆執 任生員宅奴 六月 手決

필자 소견 이 문서는 전답의 주인도 노비이고, 증인을 선 사람도 노비이며 문서를 기록한 사람도 노비이니, 이는 노비들이 처음부터 끝까지 매매문서의 모든 것을 다한 것이니, 사실 이런 매매문서는 글을 많이 배운 양반들이 하는 것인데, 이 문서를 보면 이 문서의 노비들은 모두 양반만큼 똑똑한 노비들이다.

그리고 노비 세 사람이 모두 수결을 했는데, 정(井)자를 쓰고 그 안에 글자를 넣어 만들었다. 위에서도 말했지만 노비들의 수결은 모두 한결같이 이런 형태를 유지하고 있는 것이 특이한 점이다. 그리고 노비들이 행초의 글씨를 모두 읽고 알아본다는 것이니, 본서의 책명과 같이 "조선시대에는 노비도 초서를 썼다."는 말과 부합하지 않는가!

● 석한면 천현리에 사는 강첨지댁의 노비 문이금(文二金)〔수결(手決)하다.〕

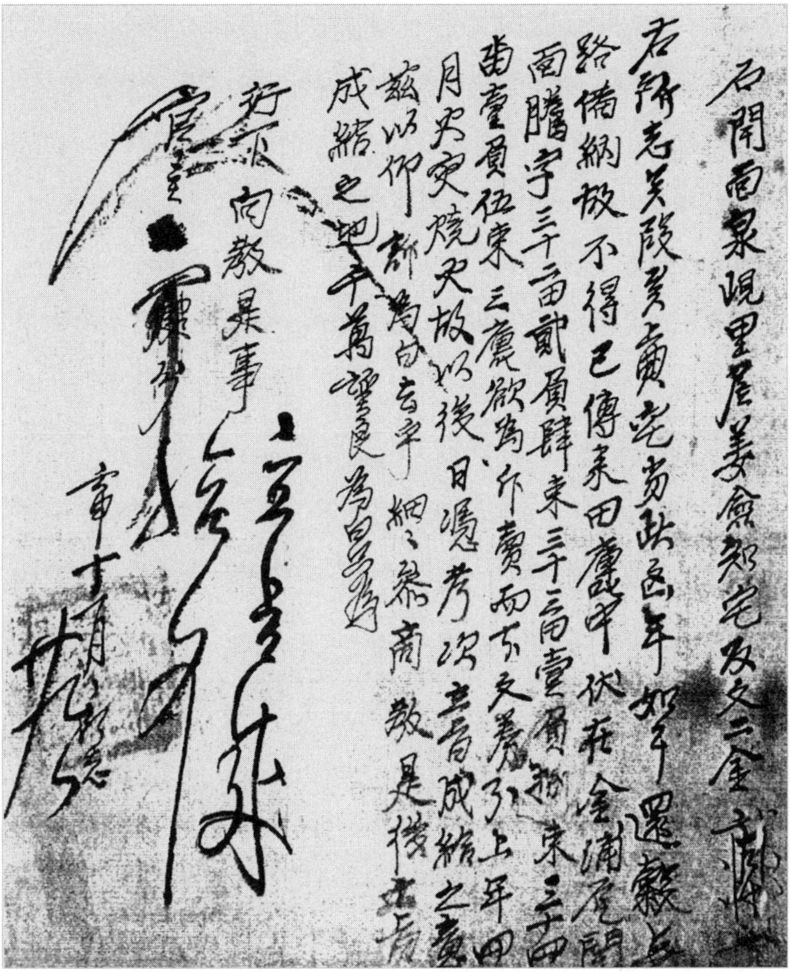

위의 소지(所志)[103]는 우리 상전댁이 이번의 흉년을 당하여 약간의 환곡(還穀)도 납부할 길이 없기 때문에 부득이 예부터 내려오던 전답 중에, 잠복하여 있는 김포 돌한면 등자(騰字) 32전(田) 2짐 4속(束)과 33전(田) 1짐 8속(束)과 34답(畓) 1짐 5속(束) 등 세 곳을 내다 팔려고 합니다. 그러나 본 문권(文券)은 전 해 4월에 화재로 소실되었고, 그러므로 후일에 빙고(憑考)하려면 차제에 입지(立旨)[104]를 만들어주시기를 우러러 호소하오니, 자세히 살펴보신 뒤에 입지를 만들어주시기를 천만 번 바라기에 꼭 그렇게 되기를 바랍니다.

임신년 11월 일 초지(初志)

관주처분(官主處分) : 입지(立旨)를 만들어주어라, 19일에 판결하다.

○石閒面 泉峴里居 姜僉知宅奴 文二金 (手決)

右所志矣段 矣上典宅 當此凶年 如干還穀 無路備納 故不得已傳來田畓中 伏在金浦 乭閒面 騰字三十二田 貳負肆束 三十三田 壹負八束 三十四畓 壹負五束三庫 欲爲斥賣 而本文券 則上年四月火災燒火 故以後日憑考次 立旨成給之意 玆以仰訴爲白去乎 細細參商敎是

103 소지(所志) : 예전에, 청원이 있을 때에 관아에 내던 서면(書面).

104 입지(立旨) : 관부(官府)에서 판결문을 쓰고 관인을 찍어 개인이 청원한 사실을 공증해 주던 문서. 조선 중기 이후부터 통용된 문서 양식으로, 토지 문기(土地文記), 노비 문기(奴婢文記) 따위를 분실 · 도난 · 소실하였을 때…

後立旨成給之地 千萬望良爲白只爲 行下向敎是事

壬申 十一月 日 初志

官主處分 判決 立旨成給耳 卄九日

필자 소견 이 문서는 토지를 팔아야 하는데, 토지문서가 모두 화재에 소실되었기 때문에 강첨지댁의 노비 문이금(文二金)이 주인을 위해서 입지(立旨)를 만들어달라고 관청에 호소하는 문서이다.

이 문서는 서두(書頭)에 노비 문이금(文二金)이 신청서를 쓰면서 수결(手決)을 한 것이 이채롭다. 아마도 인장(印章)을 찍는 대신 수결을 한 듯하다.

이렇게 노비도 행서에 가까운 소지(所志)를 써서 직접 수결을 하고 관청에 청구한 것으로 보아, 이 노비는 한문을 잘 앎은 물론 행정능력이 뛰어난 노비가 아닌가 하고 생각한다.

● 광서 11년 을유년(1885) 11월 초4일 〔수결(手決)한 사람에 대한〕[105] 명문(明文)이다.

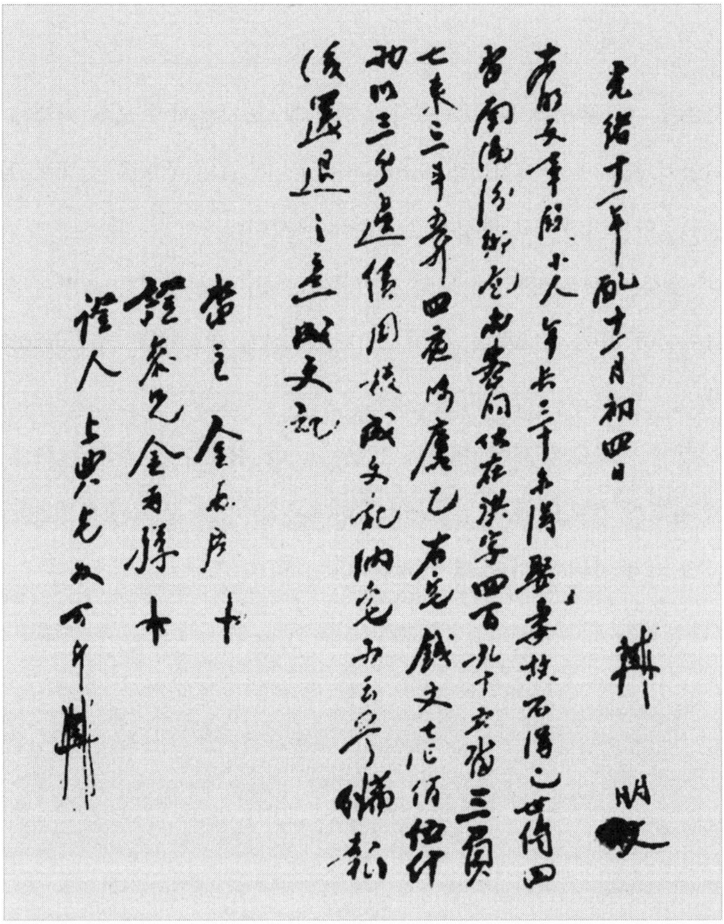

105 이 문서는 수결만 있고 이름이 없어서 ( )을 열고 그 안에 예상되는 내용을 써넣은 것이다.

위 명문의 건은, 소인의 나이 30살이 되었는데, 아직 아내를 얻지 못하였기 때문에 부득이 대대로 전하는 전답인 남양 분향면 구밀동에 잠복하여 있는 홍자(洪字) 495답(畓) 3부(負) 7속(束)에 3두(斗) 5승(升)인 4배미를 (담보로) 을우댁(乙右宅)에 돈 150냥을 3할 변으로 빌렸기 때문에 문기(文記)를 작성하여 댁에 드리고, 돈을 갚은 뒤에는 물려주어야 한다는 뜻으로 문기(文記)를 작성하였다.

답주(畓主) : 김재성(金再成)이 수결(手決)하다.

참증(證參) : 형 김재손(金再孫)이 수결(手決)하다.

증인(證人) : 상전댁 노비 가근(可斤)이 수결(手決)하다.

○光緖十一年 乙酉 十一月 初四日 手決 明文

右明文事段 小人年長三十 未得娶妻 故不得已世傳田畓 南陽分鄕面求密洞 伏在洪字四

百九十五畓三負七束三斗五升四夜味麀乙 乙右宅錢文壹百五十兩 以三分邊債用 故成文記 納宅爲去乎 備報後 還退之意 成文記事

畓主 金再成 手決

證參 兄金再孫 手決

證人 上典宅奴 可斤 手決

필자 소견 이 문서는 양인인 김재성이 나이 30이 되도록 결혼을 하지 못하여 대대로 전하여 내려오는 전답을 담보로 맡기고 노비 가근의 상전인 을우댁에 3할 변으로 돈을 빌린 문서이다.

이 문서의 특이한 사항은 양인 김재성과 그의 형 김재손의 수결과 노비 가근의 수결의 형태가 판이하게 다르다는 점이다. 이렇게 수결하는 것조차도 양인(良人)과 노비가 다르다는 점은 조선은 신분사회였기에 노비의 수결은 모두 정(井)자의 형태의 안에 글자를 쓰고, 그리고 정(井)자 안과 밖으로 줄을 그어서 수결을 한 것으로 보인다.

● 노비 점금(占金) 처에

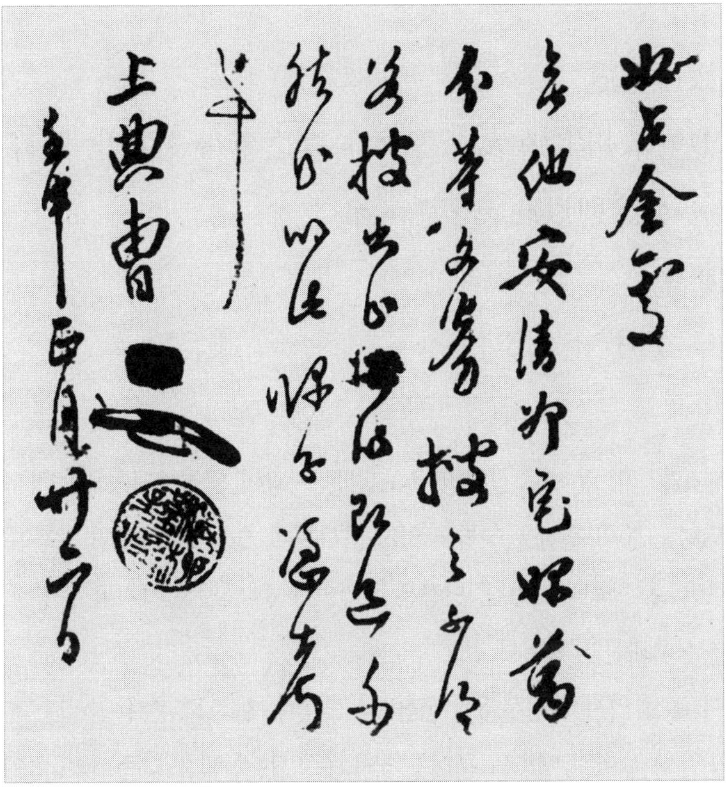

다름이 아니라 안청주댁(安淸州宅) 여종 만분(萬分) 등의 문권을 찾아도 얻지 못하니, 만약 찾아서 나오면 즉시 보낼 것이고, 그렇지 않으면 이 패자(牌子)[106]를 가지고 빙고(憑考)할 것이다.

---

106 패자(牌子) : 조선시대, 지위가 높은 사람이 낮은 사람에게 어떤 일을 맡기기 위해 권한을 위임하는 증거로 주던 공식적인 글.

상전(上典) 조(曺)

임신년 정월 22일

○奴占金處

無他安淸州宅婢 萬分等文券 搜之不得 若搜出 則可以即送 不然則以此牌子憑考事

上典曺

壬申 正月 卄二日

필자 소견 이 문서는 상전인 조(曺)라는 사람이 안청주댁(安淸州宅) 여종 만분(萬分) 등의 문권을 찾아도 얻지 못하는데, 만약 이후에 이 문건이 나온다면 즉시 보낼 것이니, 당장은 본인이 써준 패자를 가지고 증빙의 서류를 삼으라는 내용이다.

이 문서 역시 조선시대에 통상적으로 쓰는 행초로 쓴 문건이니, 노비 점금(占金)은 이런 행초의 문서를 읽을 수 있는 실력을 갖춘 노비가 아니었나 하고 생각한다.

점금(占金)이라는 이름은 필자의 생각으로는 여종의 이름 같은데, 노(奴)라고 쓰여 있으니 남종인 듯하다.

호구단자(戶口單子)

● **광서(光緖) 16년(1890) 분향면 구밀동 내의 호구단자(戶口單子)**[107]

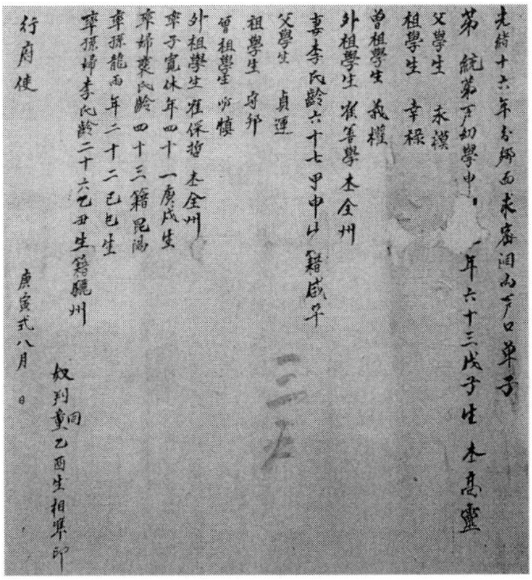

光緖十六年分鄕面舊密洞內戶口單子
第 統第 戶幼學申 年六十三戊子生 本高靈
父學生 永謨
祖學生 幸祿
曾祖學生 義權
外祖學生 崔等學 本全州
妻李氏齡六十七甲申生 籍咸平
父學生 貞運
祖學生 守弁
曾祖學生 以楨
外祖學生 崔保哲 本全州
率子寬休年四十一庚戌生
率婦裵氏齡四十三籍昆陽
率孫龍西年二十二己巳生
率孫婦李氏齡二十六乙丑生籍驪州
奴判童 同 乙酉生 相準印
庚寅式八月 日
行府使

107 호구단자 : 조선시대에, 호주가 가족 사항을 적어 지방 수령에게 신고하던 서류. 3년마다 호구 조사를 할 때에 적어 냈다.

제○통 제1호 유학 신□□ 나이 63세 무자생. 본관은 고령(高靈)

아버지 : 학생 미모(未模)

할아버지 : 학생 행록(幸祿)

증조(曾祖) : 학생 의권(義權)

외조(外祖) : 학생 최선학(崔善學), 본관은 전주(全州)이다.

아내 이씨(李氏) : 나이 67세 갑신생, 관적(貫籍)은 함평(咸平)이다.

아버지 : 학생 정운(貞運)

할아버지 : 학생 수방(守邦)

증조(曾祖) : 학생 필신(必愼)

외조(外祖) : 학생 이보철(崔保哲), 본관은 전주(全州)이다.

솔자(率子) 관휴(寬休) : 나이 41세 경술생

솔부(率婦) 배씨(裵氏) : 나이 43세, 관적(貫籍)은 곤양(昆陽)이다.

솔손(率孫) 용우(龍雨) : 나이 22세 기사생

솔손부(率孫婦) 이씨(李氏) : 나이 26세 을축생, 관적(貫籍)은 여주(驪州)이다.

노비 판동(判同) : 을유생 상준(相準)[108] 수결(手決)하다.

행 부사(府使)

경인년 8월 ○일

108 상준(相準) : 서로 비교하여 검토한다는 뜻이다.

○光緖十六年 分鄕面 求密洞內 戶口單子

第 統第 一戶 幼學 申□□ 年六十三 戊子生 本 高靈

父 學生 未模

祖 學生 幸祿

曾祖 學生 義權

外祖 學生 崔善學 本 全州

妻李氏 齡六十七 甲申生 籍 咸平

父 學生 貞運

祖 學生 守邦

曾祖 學生 必愼

外祖 學生 崔保哲 本 全州

率子寬休 年四十一 庚戌生

率婦裵氏 齡四十三 籍 昆陽

率孫龍雨 年二十二 己巳生

率孫婦李氏 齡二十六 乙丑生 籍 驪州

奴判同 乙酉生 相準 印

行 府使

庚寅式八月 日

필자 소견 이 문서는 조선의 호구단자(호적)이다.

맨 마지막에 노비 판동(判同)이 적혀있다. 노비는 주인에게 예속되어 있는 사람이므로, 이 문서처럼 맨 뒤에 적게 되어있다.

이 호구단자의 주인은 가난한 사람이기에 노비가 단 하나 뿐이다. 혹 주인이 벼슬을 한 사람이거나 부자라면 노비의 수가 훨씬 많이 적혀있을 것이다.

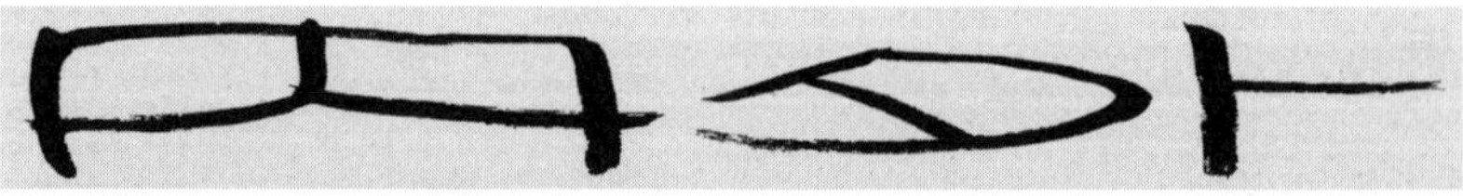

● 분향면 구밀동 호구단자

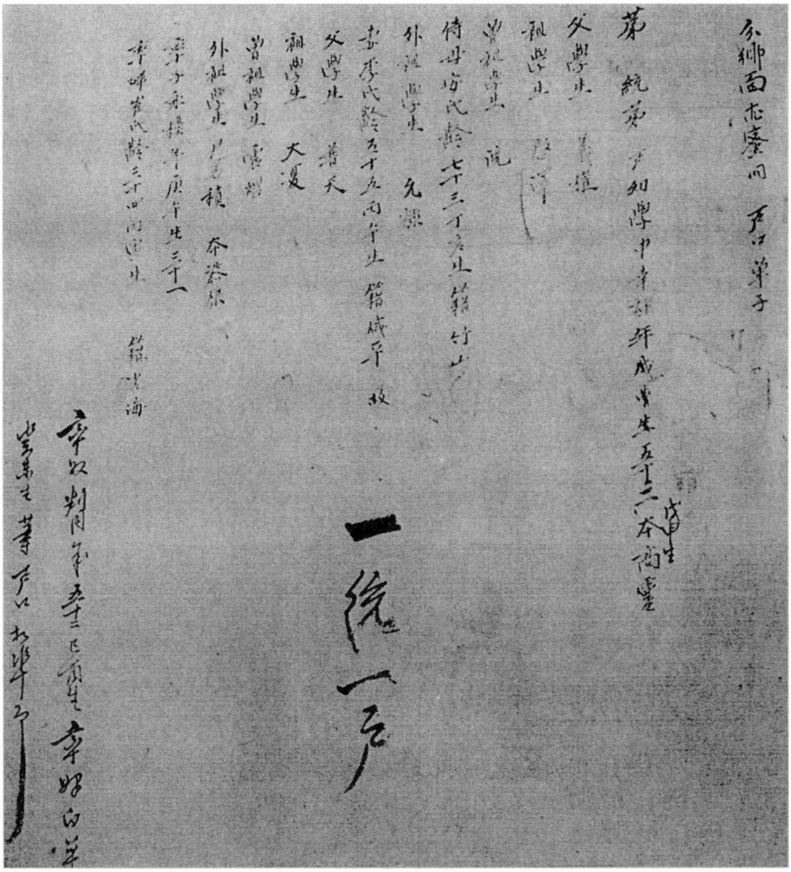

제○통 제○호 유학 신행록(申幸祿) 나이 53세 무신생, 본관 고령(高靈)

부 : 학생 의권(義權)

조 : 학생 계택(啓澤)

증조 : 학생 완(浣)

시모(侍母) : 안씨 나이 73세 정해생이고, 관적(貫籍)은 죽산(竹山)이다.

외조 : 학생 윤록(允祿)

처 : 이씨 나이 55세 병오생이다 관적(貫籍)은 함평(咸平)이니, 고인이 되었다.

부 : 학생 보천(普天)

조 : 학생 대하(大夏)

증조 : 학생 진욱(震煜)

외조 : 학생 윤선적(尹善積), 본관(本貫)은 칠원(柒原)이다.

솔자(率子) 영모(永模) : 나이 경오생 31세

솔부(率婦) 최씨 : 나이 34세 병인생이니, 관적(貫籍)은 광해(光海)이다.

솔노(率奴) 판동(判同) : 나이 52세, 기유생이다.

솔비(率婢) 백초(白草) : 계미생 등의 호구(戶口)이다.

1통 1호이다.

상준(相準)[109]하고 날인하였다.

○分鄕面 求密洞 戶口單子

第○統 第○戶 幼學 申幸祿 年五十三 戊申生 本 高靈

父 學生 義權

祖 學生 啓澤

---

109 상준(相準) : 서로 맞추어 보다.

曾祖 學生 浣

侍母 安氏 齡七十三 丁亥生 籍 竹山

外祖 學生 允祿

妻 李氏 齡五十五 丙午生 籍 咸平 故

父 學生 普天

祖 學生 大夏

曾祖 學生 震煜

外祖 學生 尹善積 本 柒原

率子 永模 年庚午生 三十一

率婦 崔氏 齡三十四 丙寅生 籍 光海

率奴 判同 年五十二 己酉生

率婢 白草 癸未生 等戶口

一統一戶 相準 印

필자 소견 호주 신행록(申幸祿)의 호구단자이다. 아래의 시모(侍母)는 모시고 사는 어머니라는 뜻인데, 필자의 생각에는 친모는 아니고 모시고 사는 계모가 아닌가 하고 생각한다.

하단에 솔자(率子)는 데리고 사는 아들을 말하고, 솔부(率婦)는 같은 집에서 사는 며느리이며, 솔노(率奴)는 같은 집에서 일을 하는 가노(家奴)를 말하며, 솔비(率婢) 역시 같은 집에서 일하는 여자 노비이다.

● 분향면 구밀동 호구단자

유학 신영모(申永模) 나이 55세 경오생, 본관(本貫)은 고령(高靈)이다.

부 : 학생 행록(幸祿)

조 : 학생 의권(義權)

증조 : 학생 계택(啓澤)

외조 : 학생 이보천(李普天), 본관(本貫)은 함평(咸平)이다.

처 : 최씨(崔氏) 나이 59세 병인생이고, 관적(貫籍)은 강화(江華)이다.

부 : 학생 선학(善學)

조 : 재관(載琯)

증조 : 창신(昌臣)

외조 : 학생 김후대(金厚大)이고, 본관(本貫)은 경주(慶州)이다.

솔자(率子) 현구(賢求) : 나이 38세, 무자생이다.

솔부(率婦) 이씨(李氏) : 나이 41세 갑신생이고, 관적(貫籍)은 함평(咸平)이다.

솔자(率子) 봉구(奉求) : 나이 31세 갑오생이다.

며느리 ○씨 : 나이 33세 임진생이고, 관적(貫籍)은 전주(全州)이다.

노비 이복(二福) : 나이 41세 계유생이다

신유년식으로 상준(相準)하고 날인하였다.

3통 1호이다.

행도호부사(行都護府使)이다.

○分鄕面 求密洞 戶口單子

幼學 申永模 年五十五 庚午生 本 高靈

父 學生 幸祿

祖 學生 義權

曾祖 學生 啓澤

外祖 學生 李普天 本 咸平

妻 崔氏 齡五十九 丙寅生 籍 江華

父 學生 善學

祖 載琯

曾祖 昌臣

外祖 學生 金厚大 本 慶州

率子 賢求 年三十八 戊子生

率婦 李氏 齡四十一 甲申生 籍 咸平

率子 奉求 年三十一 甲午生

婦□氏 齡三十三 壬辰生 籍 全州

奴 二福 年四十 癸酉生

辛酉式 相準印

三統 一戶

行都護府使

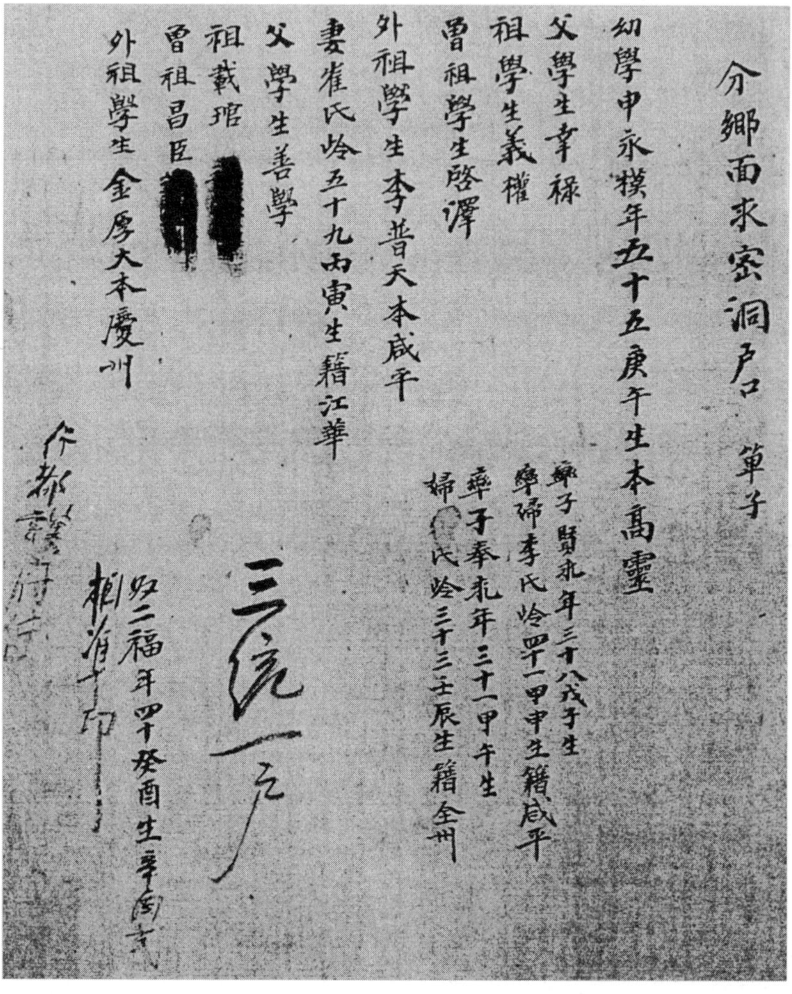
分鄕面求密洞戶口 單子
幼學申永模年五十五庚午生本高靈
父學生章祿
祖學生義權
曾祖學生啓澤
外祖學生李普天本咸平
妻崔氏齡五十九丙寅生籍江華
父學生善學
祖載琯 [redacted]
曾祖昌臣 [redacted]
外祖學生金厚大本慶州
率子賢兆年三十八戊子生
率子婦李氏齡四十一甲申生籍咸平
率子奉兆年三十一甲午生
婦 氏齡三十三壬辰生籍全州
奴二福年四十癸酉生

필자 소견 이 호구단자는 남양(현재 화성군 남양) 분향면 구밀동에 사는 신영모(申永模)의 호구단자이다. 아들이 두 명이고, 며느리가 두 명이며, 노비는 1명이다.

제일 하단에 행 도호부사(行都護府使)라고 되어 있는데, 위 호구단자에는 유학(幼學)으로 되어있으므로, 호주 본인은 아닌 듯하고, 아마도 그 선조가 도호부사(行都護府使)를 하여, 도호부사(行都護府使) 가문이라는 말인 듯하다.

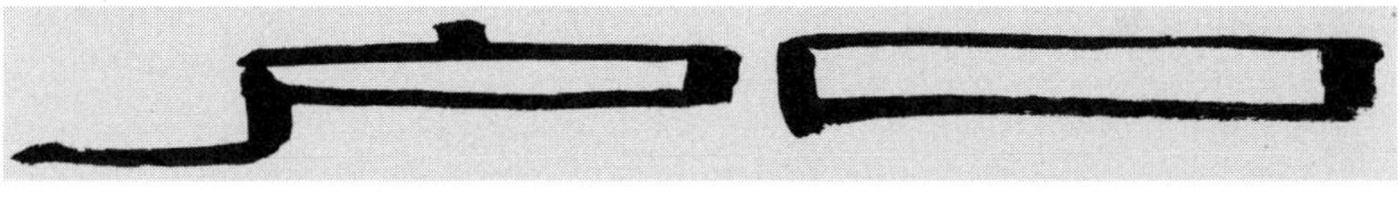

● 호구성적(戶口成籍)

건륭(乾隆) 54년(1789) 정월 ○일에 양주목사가 상고하니, 기유년(1789)에 성적(成籍)한 호구장(戶口帳) 안에, 북면 고주내(古州內) 제2 송랑리(松浪里) 제35통 제4호에 사는 통덕랑(通德郎) 안광택(安光宅)의 나이는 67세이고 계묘생이니, 본관은 죽산(竹山)이다.

부(父)는 성균생원(成均生員)으로 이름은 식(栻)이고,

조(祖)는 통훈대부 청주목사 청주진병마첨절제사(通訓大夫淸州牧使淸州鎭兵馬僉節制使)인 종해(宗海)이며,

증조(曾祖)는 통정대부승정원좌승지 겸 경연참찬관(通政大夫承政院左承旨 兼慶筵參贊官)에 추증된 윤적(允迪)이고,

외조(外祖)는 중직대부(中直大夫)로 행 동몽교관(行童蒙敎官)인 이덕흠(李德欽)이니, 본관은 덕수(德水)이다.

처(妻)는 황씨(黃氏)니, 본적은 창원(昌原)이다.

처부는 정헌대부 행 지중추부사 운하(正憲大夫行知中樞府事運河)이고,

처조는 통훈대부 행 사재감첨정(通訓大夫行司宰監僉正)인 도(鍍)이며,

처 증조는 증직으로 숭정대부 의정부좌찬성 겸 판의금부사 오위도총부도총관 세자이사(崇政大夫議政府左贊成兼判義禁府事五衛都摠府都摠管世子貳師)이고, 행직(行職)[110]으로 가선대부 돈녕부도정(嘉善大夫敦寧府都正)인 신구(藎耉)이며,

110 행직(行職): 예전에, 품계는 높고 직위는 낮은 경우에 그 관직을 이르던 말.

외조(外祖)는 통정대부(通政大夫)이고 수직(守職)[111]으로 충청도관찰사 수군병마절도사(忠淸道觀察使水軍兵馬節度使)인 맹만택(孟萬澤)이니, 본관은 신창(新昌)이다.

솔자(率子) 대수(大壽)는, 나이 26세로 갑신생(甲申生)이며,

며느리는 윤씨(尹氏)니, 나이는 30세이고 경진생이니, 본관은 파평(坡平)이다.

외사(外舍)[112]에는 팔촌대부(八寸大父) 유학(幼學) 종형(宗衡)이 사니, 나이는 70세로 경자생이다.

솔비(率婢) 덕이(德伊)는 나이 53세니, 모(母)는 반비(班婢)[113] 열이(烈伊)이고, 부(父)는 김필언(金弼彦)이며,

비(婢) 소렬(小烈)은 나이 37세이니, 모(母)는 반비(班婢)인 예절(禮節)이고, 부(父)는 반노(班奴)[114]인 태이(太伊)이며,

계집종 쾌년(快年)은 나이 25세이니, 모(母)는 반비(班婢) 덕이(德伊)이고, 부(父)는 반노(班奴) 신남(申男)이며,

계집종 쾌열(快烈)은 나이 22세이니, 모(母)와 부(父)는 위와 같다.

계집종 사월(四月)은 나이 15세이니, 모부(母父)는 또한 위와 같다.

석성노(石城奴) 두도산(豆刀山)은 나이 54세이니, 모(母)는 반비(班婢) 광절(廣節)이고, 부(父)는 사노(私奴) 오백(五百)이며,

양주노(楊州奴) 태이(太伊)는 나이 60세이니, 모(母)는 반비(班婢) 시

111 수직(守職) : 예전에, 품계는 낮으나 직위는 높은 관직을 이르던 말.

112 외사(外舍) : 바깥에 있는 작은 집.

113 반비(班婢) : 양반댁의 여종.

114 반노(班奴) : 양반집의 남종.

월(十月)이고, 부(父)는 출신(出身)[115] 이봉량(李鳳良)이다.

남종 신남(申男)은 나이 59세이니, 모(母)는 반비(班婢) 이정(二丁)이고, 부(父)는 반노(班奴) 후종(後種)이며,

남종 경남(庚男)은 나이 50세이니, 모(母)와 부(父)는 위와 같다.

남종 오동(五同)은 나이 64세이니, 모(母)는 반비(班婢) 애단(愛丹)이고, 부(父)는 노경선(盧景先)이며,

남종 불관(不關)은 나이 59세이니, 모(母)는 반비(班婢) 서운(鋤芸)이고, 부(父)는 신올미(申兀味)이며,

남종 천득(千得)은 나이 31세이니, 모(母)는 반비(班婢) 걸이덕(桀伊德)이고, 부(父)는 사노(私奴) 수창(壽昌)이다.

남종 성득(成得)은 나이 27세이니, 모(母)는 반비(班婢) 소독(小禿)이고, 부(父)는 사노(私奴) 복금(卜金)이며,

남종 영강(永崗)은 나이 18세니, 모(母)는 반비(班婢) 소독(小禿)이고, 부(父)는 사노(私奴) 석돌(石乭)이며,

남종 귀득(貴得)은 나이 33세로, 모(母)는 반비(班婢) 예절(禮節)이고, 부(父)는 반노(班奴) 태이(太伊)이며,

남종 오득(五得)은 나이 23세로, 부모는 위와 같다.

남종 오금(五金)은 나이 45세로, 모(母)는 반비(班婢) 세분(世芬)이고, 부(父)는 반노(班奴) 원이(遠伊)이며,

남종 일금(一金)은 나이 54세로, 모(母)는 반비(班婢) 기녀(己女)이

115 출신(出身) : 과거시험에 급제하여 벼슬하는 사람을 가리킨다.

고, 부(父)의 이름은 알지 못한다.

계집종 귀매(貴梅)는 나이 67세이니, 모(母)는 반비(班婢) 애단(愛丹)이고, 부(父)는 사노(私奴) 만립(萬立)이며,

계집종 명월(明月)은 나이 65세로, 모(母)는 반비(班婢) 시례(時禮)이고, 부(父)는 육승달(陸勝達)이며,

계집종 원덕(遠德)은 나이 48세로, 모(母)는 반비(班婢) 업례(業禮)이고, 부(父)는 원가묵위(元可墨爲)이다.

계집종 세분(世芬)은 나이 68세로, 모(母)는 반비(班婢) 덕렬(德烈)이고, 부(父)는 이름을 알지 못한다.

여종 백년(百年)은 나이 55세로, 모(母)는 반비(班婢) 감제(甘齊)이고, 부(父)는 사노(私奴) 필영(必英)이며,

공주비(公州婢) 기정(己丁)은 나이 65세로, 모(母)는 반비(班婢) 세화(世華)이고, 부(父)는 반노(班奴) 삼업(三業)이며,

서울에 사는 계집종 소설(素雪)은 나이 62세이니, 모(母)는 반비(班婢) 필애(必愛)이고, 부(父)는 이름을 알지 못하는 자 등이니, 병오년에 호구(戶口)를 준급(準給 : 허가하다)한 자이다.

결재자 : 행직으로 목사(牧使) 수결(手決)하다.

준감관(準監官)[116] 이(李)가 수결(手決)하다.

창색리(唱色吏)[117] 노(盧)가 수결(手決)하다.

---

116 감관(監官) : 조선시대에, 각 관아나 궁방(宮房)에서 금전 · 곡식의 출납을 맡아보거나 중앙 정부를 대신하여 특정 업무의 진행을 감독하고 관리하던 벼슬아치.

117 색리(色吏) : 감영이나 군아에서 곡물을 출납하고 간수하는 일을 맡아보던 구실아치.

○乾隆五十四年 正月日楊州牧考 己酉成籍戶口帳內北面古州內 第二松浪里 第三十五統第四戶 通德郞安光宅 年六十七 癸卯生 本竹山 父 成均生員栻 祖 通訓大夫淸州牧使淸州鎭兵馬僉節制使宗海 曾祖 贈通政大夫承政院左承旨 兼慶筵參贊官允迪 外祖 中直大夫行童蒙敎官李德欽 本德水 妻黃氏 籍昌原 父 正憲大夫行知中樞府事運河 祖 通訓大夫行司宰監僉正鍍 曾祖 贈崇政大夫議政府左贊成兼判義禁府事五衛都摠府都摠管世子貳師 行嘉善大夫敦寧府都正藎耉 外祖 通政大夫守忠淸道觀察使水軍兵馬節度使孟萬澤 本新昌 率子大壽 年二十六 甲申生 婦尹氏 齡三十 庚辰生 籍坡平 外舍八寸大父 幼學宗衡 年七十 庚子生 率婢德伊 年五十三 母班婢烈伊 父金弼彦 婢小烈 年三十七 母班婢禮節 父班奴太伊 婢快年 年二十五 母班婢德伊 父班奴申男 婢快烈 年二十二 母父上同 婢四月 年十五 母父亦上同 石城奴豆刀山 年五十四 母班婢廣節 父私奴五百 楊州奴太伊 年六十 母班婢十月 父出身李鳳良 奴申男 年五十九 母班婢二丁 父班奴後種 奴庚男 年五十 母父上同 奴五同 年六十四 母班婢愛丹 父盧景先 奴不關 年五十九 母班婢鋤芸 父申兀

味 奴千得 年三十一 母班婢㮚伊德 父私奴壽昌 奴成得 年二十七 母班婢小禿 父私奴卜金 奴永崗 年十八 母班婢小禿 父私奴石乭 奴貴得 年三十三 母班婢禮節 父班奴太伊 奴五得 年二十三 母父上同 奴五金 年四十五 母班婢世芬 父班奴遠伊 奴一金 年五十四 母班婢己女 父名不知 婢貴梅 年六十七 母班婢愛丹 父私奴萬立 婢明月 年六十五 母班婢時禮 父陸勝達 婢遠德 年四十八 母班婢業禮 父元可墨爲 婢世芬 年六十八 母班婢德烈 父名不知 婢百年 年五十五 母班婢甘齊 父私奴必英 公州婢己丁 年六十五 母班婢世華 父班奴三業 京中婢素雪 年六十二 母班婢必愛 父名不知 等丙午戶口準給者 行牧使 準監官 李 手決 唱色吏 盧 手決

필자 소견 이 문서는 호적부이니, 본가는 본인으로부터 증조까지 기록하고 외가는 조부까지 기록하였으며, 처가도 조부까지 기록하였다.

솔자(率子)는 데리고 사는 자식을 말하고, 외사(外舍)는 밖에 있는 사랑채를 말하니, 이곳에 8촌 대부인 종형(宗衡)이 산다. 아마도 이 종형(宗衡)이라는 사람은 의지할 자식이 없는 사람으로 집안 중에 잘 사는 이 댁에 와서 사랑채에서 사는 것으로 사료되며, 노비는 모두 25명이니, 일일이 거명할 수가 없다.

본래 세종의 부마집이기 때문에 부유한 집안이다. 25명의 노비 중에

乾隆五十四年正月 日楊州牧

考己酉成籍戶口帳內[illegible]里第[illegible]統第四戶通德郎安光[illegible]年六十七癸卯本竹山父成均生員 祖通訓大夫淸州牧使淸州鎭兵馬僉節制使宗海 曾祖 贈通政大夫[illegible]

[illegible]

行牧使 [illegible]

準 監官 李[illegible]

唱准 盧[illegible]

남종은 밖에 나가 농사를 짓고 여종은 집안에서 일을 한다.

옛날 중국의 맹상군이 식객 3,000명을 거느리고 살았다고 하는데, 이 사람은 군왕의 아들이기에 가능한 말이 된다. 이와 같이 자기 집의 지위와 부귀에 따라 식객(食客)도 있고 노비(奴婢)도 거느리고 사는 것이다.

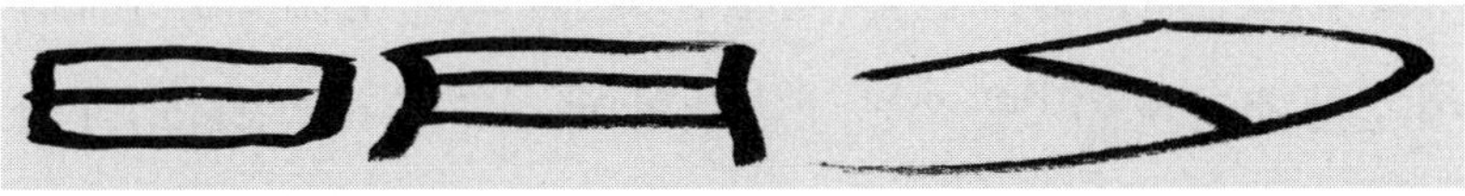

● 수묘(守墓)

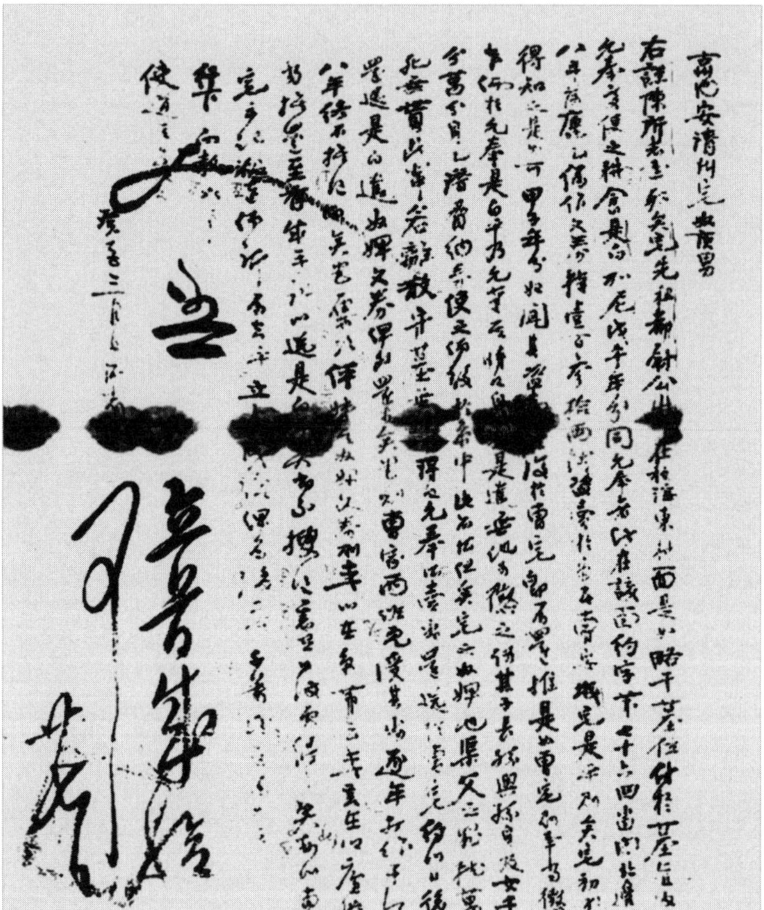

양주 고주내(古州內) 안청주댁(安淸州宅)의 노비 경남(庚男)이 우측에 삼가 소지(所志)[118]를 펴는 것은 저의 댁 선조 도위공(都尉公)의 산

118 소지(所志) : 자기 또는 타인의 사정을 호소하는 소장(訴狀).

소가 해동촌면(海東村面)에 있는데, 약간의 묘답(墓畓)을 묘직노비 윤봉(允奉)에게 붙이고 그에게 경작하게 하였더니, 무오년 사이에 윤봉(允奉)이 바야흐로 그 면의 약자(約字) 제76답의 안 북변에 있는 8두락의 문권을 위조하여 130냥을 받고 서울에 사는 조안성댁(曺安城宅)에 도매(盜賣)하였으니, 저의 댁에서는 처음에는 알지 못하다가 갑자년 사이에 처음으로 도매(盜賣)하였다는 말을 듣고 조댁(曺宅)에 왕복하면서 다시 찾으려고 하였습니다.

조댁(曺宅)에서는 즉시 응당 윤봉에게 본래 전답을 매입할 때에 건넨 돈을 징수하여야겠으나, 윤봉은 그 당시에는 이미 죽어서 달리 징수할 길이 없었으므로, 그의 아들 장손(長孫)과 흥손(興孫) 및 여식 천분(千分)과 만분(萬分)을 위협하여 문권을 납입(納入)하라 하면서 그 조사처를 경중(京中)에 설치하였으니, 이도 또한 단지 저희 댁의 노비일뿐이 아니니, 그 아비의 죄가 비록 만 번 죽어도 용서할 수 없으나 이 무리들이 만약 이산(離散)하면 수묘(守墓)할 길이 없으므로 부득이 윤봉이 판 논을 조댁(曺宅)에 환송(還送)하고, 그리고 일후에 환퇴(還退)하기로 약속하고 노비의 문권은 저희 댁에 돌리라 하였는데, 곧 조가(曺家) 양반이 이미 그 논을 받아서 해마다 타작한 것이 8년인데도, 종내 보내주지 않았습니다. 그래서 부득이 저희 댁에서 누차에 걸쳐 독촉하니, 그 노비의 문권은 혹 서울의 집에 있다고 하고 혹은 시골의 집에 있다고 말하므로, 마땅함을 좇아 빨리 보내도록 수기(手記)[119]를

119 수기(手記) : 직접 쓴 글.

작성하여 보내라고 하기에 이르렀는데, 오히려 찾아 보내지 않았고, 그 후에도 침범하는 폐단이 있었으니, 이에 조씨의 수기(手記)를 가지고 연이어 호소하는 것이오니, 입지(立旨)[120]를 만들어주어서 뒤에 □□을 삼기를 천번 만번 □□□□□ 분부를 내리실 것입니다.

사또께서 □□

계유년 3월 일 소지(所志)

결재 : 입지(立旨)를 만들어 줄 것. 27일

○古州內安淸州宅奴庚男 右謹陳所志事段 矣宅先祖都尉公山所 在於海東村面是如 若干墓位 付於墓直奴允奉處 使之耕食是白加尼 戊午年分間 允奉者 方在該面約字第七十六田畓內北邊八斗落庫乙 僞作文券 捧一百三十兩錢 盜賣於京居曺安城宅是乎則 矣宅初不得知之是如可 甲子年分 始聞其盜賣 往復於曺宅 爲還推是如 曺宅則 事當徵本價於允奉是白乎乃 允奉其時已身死是遣 無他可徵之路 其子長孫興孫 身及女千分萬分身乙 潛脅納卷 使之仰設於京中 此亦非但矣宅之奴婢也 渠父之罪 雖萬死無貰 此輩若離散 守墓無路不得已允奉所賣畓 還送於曺宅 約以日後還退是白遣

120 입지(立旨) : 예전에, 신청서 끝에 신청한 사실을 입증하는 내용을 부기하던 관청의 증명.

奴婢文券 俾所還於矣宅 則曺家兩班 旣受其畓 逐年打作于今八年 終不撫送 而矣宅屢次伻督 其奴婢文券 則或以在京第云 或言在鄕廬 從當撫還 至有成手記以送是白乎矣 尙不搜送裏 有日後更侵之弊 玆以曺宅手記□連仰訴爲去乎 立旨成給 俾爲後□ 千萬□□□□□行下向敎是事

使道主□□ 癸酉 三月 日 所志

裁決 : 立旨成給事 卄七日

필자 소견 이 문건은 묘지를 지키는 일에 대하여 쓴 문건이다. 자신의 노비에게 선대의 묘지를 잘 관리하면서 위토답을 경작하여 살게 하였는데, 그 수묘(守墓)하는 노비가 위토답을 주인 몰래 팔아먹은 사건을 낱낱이 기록한 문건으로, 조선시대에 선대의 묘지 관리를 어떻게 하였는가를 확연히 보여주는 매우 중요한 문건이라 할 수 있다.

이런 사건이 일어나면 오늘날에는 법원에 고소하여 해결을 보지만, 조선조에서는 해당하는 관청, 즉 군이나 현의 관아에 고발하여 일을 해결하였으니, 본문 맨 끝 결재의 난에 입지(立旨)를 만들어주라고 한 말은, 사건을 진정한 소지(所志)대로 증명서를 만들어주어서 사건을 해결하라는 것이다.

본문에서 윤봉이라는 노비가 문건을 위조하여 130냥을 받고 조씨댁에 팔아먹었는데, 이 사건을 주인이 안 그 시점에는 윤봉이라는 노비는 이미 죽었고 아들과 딸만 남아있는데, 그들도 또한 이 댁의 노비이기 때문에 이들에게 돈을 변제하라고 억압을 하면 이들이 도망갈 것을 염려하여 이를 조심스럽게 잘 해결하려는 주인의 마음이 잘 그려진 문서이다.

다음 장에는 전서(篆書)·예서(隸書)·해서(楷書)·행서(行書)·초서(草書)에 대한 글자가 어떻게 생긴 글자인가를 보이려고 한다, 이를 보면 '초서(草書)' 라는 글자는 배우기가 너무 어려운 글자라는 것을 알 것이다.

일례로, 한문대학원에서 박사를 받았어도 초서(草書)의 문서를 대하면 오금이 저릴 정도로 두렵게 여기는 글씨인데, 조선조에서는 위에 게재한 글씨와 같은 문서를 노비도 척척 알았으니, 조선이라는 나라가 어떠한 나라인지는 이를 보면 잘 알 수가 있을 것이다. 그러므로 조선조에서는 노비도 초서를 썼다는 것이다.

초서(草書)란 무엇인가!

초서는 한자를 흘려 쓴 글자이니, 흘려 쓴 중에도 조금 흘려 쓴 글자를 행서(行書)라 하고, 심하게 흘려 쓴 글자를 초서라 한다.

그러므로 초서를 알려면 먼저 한자의 기원부터 알아야 한다. 그럼 한자는 어느 시대에 만들었고, 그 처음의 글자는 어떻게 생겼는가!

오늘날 볼 수 있는 한자의 기원은 '갑골문(甲骨文)' 이니, 이는 은(殷)나라 때에 쓰던 글자이고 그 뒤에 주(周)나라 때에는 '종정문(鐘鼎文)' 을 썼으며, 이후에는 '대전(大篆)' 을 썼고, 그리고 진(秦)나라의 승상 이사(李斯)가 '소전(小篆)' 을 만들어서, 비로소 통일된 글자를 만들어서 쓰게 되었다. 그리고 한나라에 들어오면 예서(隷書)가 생겼으니, 처음에는 종이나 하급관료들이 쓰던 글씨인데, 세월이 흐르면서 모든 사람이 예서(隷書)를 쓰게 되었다. 우리가 잘 아는 촉한(蜀漢)의 승상 제갈량이 쓴 '출사표(出師表)' 도 예서로 쓴 글씨이다.

우리나라 고구려 시대에 만들어진 '광개토대왕릉비' 의 글씨는 예서에서 해서로 넘어가는 시대에 만들어진 글씨이다.

다음에는 해서(楷書)가 만들어졌으니, 당나라의 구양순이 쓴 '예천명(醴泉銘)' 은 해서로 쓴 글씨이다. 이후에 행서(行書)가 생겨나고 그 다음에 초서(草書)가 생겼으니, 초서는 실상 글자의 완성을 뜻한다.

대체로 말해서 초서의 글씨를 배우려면, 우선 학문에 입문하여 천자문부터 계몽편(啓蒙篇)·동몽선습(童蒙先習)·명심보감(明心寶鑑)·소학(小學)·대학(大學)·중용(中庸)·논어(論語)·맹자(孟子)·시경(詩經)·서경(書經)·주역(周易)·예기(禮記)·춘추(春秋) 등의 책을 배우고, 사기(史記)를 배우며, 그리고 제자백가(諸子百家)를 모두 읽어보고, 여기(餘技)로 붓글씨를 썼다.

필자가 서당에서 공부한 것을 말한다면, 아침에 서당에 가서 스승님께 배례(拜禮)를 올리고, 전날에 배운 곳을 훈장님 앞에서 성독(聲讀)[121]을 한다. 그리고 한 사람씩 그날 배울 책을 펴서 글을 배우면 그 날의 공부는 끝이다. 그러나 금일의 공부가 완전히 끝난 것은 아니다. 그럼 무엇을 하는가!

당일 공부한 책을 하루 종일 성독(聲讀)한다. 그리고 중간에 먹을 갈아 화선지(당시는 신문지)를 펴고 붓글씨를 쓴다. 이렇게 온종일 공부를 하고 해가 서산으로 넘어가려고 하면 책을 보자기에 싸서 짊어

---

121 성독(聲讀) : 한문책을 크게 소리 내어 읽는 것을 말한다.

지고 집으로 돌아왔다. 그런데 집으로 돌아오는 길에 그날 배운 문장을 하나하나 외우면서 돌아왔다.

이렇게 한문을 공부하였고, 붓글씨도 해서(楷書) · 예서(隸書) · 전서(篆書) · 행서(行書) · 초서(草書)들의 글씨를 배웠는데, 본서(本書)의 주제인 초서(草書)는 맨 마지막에 배워야 하는 공부였으므로, 정말로 다년간 많은 공부를 한 자라야 쓰는 글씨이다.

위에 열거한 모든 서책을 모두 다 배우고, 그리고 붓글씨도 다 배운 사람이 사회생활을 하면서 한시(漢詩)를 읊기도 하고, 글씨도 써서 벽에 붙여놓고 음미하면서 본인의 좌우명을 삼기도 한다.

또한 한 마을에 사는 김아무개가 감기에 걸렸다고 하면 약을 지어주어서 병을 치료하여주고, 또 이아무개가 혼인을 한다고 하면 사주도 봐주고 혼서지도 써주며, 또한 박아무개가 전답(田畓)을 매매한다고 하면 그 매매문서를 써서 주는데, 이때에 쓰는 글씨가 행서가 아니면 초서이다.

왜 초서로 글씨를 쓰는가! 초서는 간략하게 쓰는 글씨이므로 쓰기에 편리하고 보기에 아름답기 때문에 거의 모든 사람들이 초서를 많이 썼다고 봐야 한다.

그러므로 아래에 각체의 글씨를 소개하려고 한다.

이제 글자의 기원인 갑골문부터 초서까지 하나하나 실제 글씨를 위에 붙이고 설명을 하겠다. 또한 초서이든 행서이든 모든 글씨는 붓으로 쓴 글씨이니, 이는 단순한 글자만을 나타내는 것이 아니고 아름다운 예술적 미(美)를 나타내는 것이니, 그러므로 서체(書體)의 하나하나를 설명하면서 예술적 아름다움도 곁들여서 설명하려고 한다. 부언하면, 한자 오체(五體)를 설명하면서 서체(書體)의 종류와 미(美)적 아름다움과 서체(書體)를 아름답게 발전시킨 서현(書賢)들도 함께 기록하여 독자에게 한자의 모든 것을 보여주려고 한다.

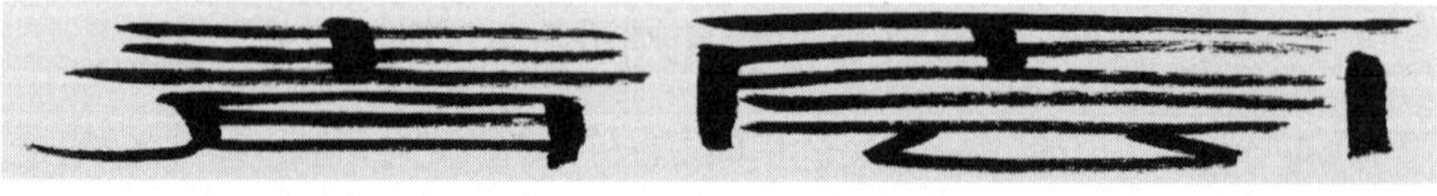

시대별로 본 글씨

1. 암각화(巖刻畵)

가. 천전리(川前里) 암각화

암각화

이 암각화는 1970년 12월 25일, 울산광역시 울주군 두동면 천전리에서 발견된 신석기시대의 암각화로 국보 제147호로 지정되었다.

위 반구대암각화가 있는 인근의 천전리에 있는 암각화는 기본적으로 이른 시기의 동물(動物) 문양에서 늦은 시기의 추상(抽象) 문양으로 변화하는 것으로 보이며, 종족의 번영을 바라는 제의(祭儀)가 행해지던 공간이라 여겨진다.

우리나라 암각화는 거의 영남지역에만 분포되어 있는데, 해외의 가장 가까운 암각화 분포지인 연해주 지역과 그 연관성이 있어서 주목되고 있다. 암각화가 그려진 시기는 대체적으로 청동기시대에서 초기 철기시대로 보는 것이 일반적인데, 이유는 돌에 그림을 새기기 위해서는 단단한 금속이 필요하다는 점, 암각화의 일부 추상문 형태가 청동기시대의 청동기 유형과 흡사하다는 점, 암각화의 추상문과 비슷한 문양이 철기시대에 유행한 점 등을 들 수 있다. 그러나 그건 그냥 번성했던 시기가 그렇다는 것이고, 그 시작 연대는 그림에 따라 신석기시대 후반으로 생각되기도 하는데, 주로 반구대 암각화나 천전리 암각화의 쪼아 파기 기법의 정확한 연대는 분명하지 않으므로 그냥 3000년 전 즈음의 흔적으로 보면 되겠다.

천전리 암각화는 우리나라에서 발견된 최초의 암각화로 유명한데, 1970년 12월 24일, 문명대 선생이 이끄는 동국대학교 불적조사단(佛跡調査團)에 의해서 발견되었다. 재미있는 건 그 발견된 경위인데, 당시 원효대사가 머물렀다던 '반고사(磻高寺)' 의 터를 찾고 있었던 불적(佛跡) 조사단은 이 지역의 지명인 '반구대' 와 '반고사' 가 무슨 연관

천전리 암각화 사진

이 있지 않을까 해서 이곳을 방문했다고 한다. 그러던 중 마을 주민들에게 이 근처에 뭐 절터 같은 것이 없는지 수소문하였는데, 그때 안내받은 곳이 천전리 암각화였다고 한다.

당시로서는 아주 획기적인 발견이었고, 이듬해인 1971년 12월 25일 또 다른 암각화를 찾아 나선 문명대 교수팀이 대곡천의 하류(下流)쪽을 조사하던 중 발견한 것이 반구대 암각화이다. 이러한 일련의 발견으로 비로소 한국에도 암각화가 있다는 사실이 알려지게 되었고, 이후 잇따른 암각화의 발견으로 인해 그 현상이 자세히 알려지게 되었다.

천전리 암각화의 그림은 크게 '쪼아 파기' 기법(면 그림), '갈아 파기' 기법(굵은 선 그림), '그어 파기' 기법(가는 선 그림)으로 나눌 수 있다. 쪼아 파기는 뾰족한 돌이나 금속을 이용하여 드러내고 싶은 면을 계속 쪼아 그리는 방식인데 시기는 신석기시대 후반, 청동기시대 전반으로 보이며 주로 사냥의 대상이 되는 동물이나 샤먼, 사람 등이 그려지고 있다. 갈아 파기 기법은 둥근 돌을 이용하여 드러내고 싶은 선을 계속 문질러 그리는 방식인데, 시기는 청동기시대 후반에서 철기시대 초기로 보이며 동심원문, 마름모문, 물결문 등의 추상문이 그려진다. 그어 파기 기법은 날카로운 금속을 이용하여 그냥 낙서처럼 쭉쭉 그어 그리는 방식인데 신라의 귀족, 화랑들이 천전리 계곡에 야유회를 하러 왔다가 얼씨구나 지화자 덩실덩실 그린 그림으로 화랑의 모습이나 배, 말, 용, 행렬도 같은 것 등이 그려져 있다. 이러한 그림 외에도 바위 중심부 하단에서 천전리 서석(書石)이라 불리는 6C 무렵에 새겨진 명문도 확인할 수 있어 오랜 시간에 걸쳐 이곳에 흔적을 남겼던 여러 사람들의 숨결을 느낄 수 있다.

나. 반구대암각화(盤龜臺巖刻畵)

반구대암각화

이 암각화(巖刻畵)는 울산광역시 울주군 언양읍 대곡리 산234-1에 있으며, 국보 제285호이다.

높이는 3m, 너비는 10m의 'ㄱ' 자 모양으로 꺾인 절벽암반에 여러 가지 모양을 새긴 바위그림 글씨이다. 바위에 새긴 그림을 암각화라고도 하는데, 선사시대 사람들이 자신의 소원을 기원하는 마음으로 커다란 바위에 새겼을 것으로 추정한다.

전 세계적으로 암각화는 북방문화권과 관련된 유적으로, 우리 민족의 기원과 이동을 알려주는 중요한 자료이기도 하다.

1960년 사연댐 건설로 인해 현재는 물속에 잠겨있는 상태로, 바위에는 육지동물과 바다고기, 사냥하는 장면 등 총 75종 200여 점의 그림이 새겨져 있다.

육지동물은 호랑이, 멧돼지, 사슴 등이 45점이 묘사되어 있는데, 호랑이는 함정에 빠진 모습과 새끼를 밴 호랑이의 모습 등으로 표현되어 있고, 멧돼지는 교미하는 모습을 묘사하였으며, 사슴은 새끼를 거느리거나 밴 모습 등으로 표현하였고, 바다고기는 작살 맞은 고래, 새끼를 배거나 데리고 다니는 고래의 모습 등으로 표현하였다.

사냥하는 장면은 탈을 쓴 무당, 짐승을 사냥하는 사냥꾼, 배를 타고 고래를 잡는 어부 등의 모습을 묘사하였으며, 그물이나 배의 모습도 표현하였다.

이러한 모습은 선사시대 사람들의 사냥활동이 원활하게 이루어지길 기원하며, 사냥감이 풍성해지길 바라는 마음으로 바위에 새긴 것일 것이다.

암각화(巖刻畵)를 자세히 보면 조각기로 쪼아 윤곽선을 만들거나 전체를 떼어낸 기법, 쪼아낸 윤곽선을 갈아내는 기법 등을 사용한 것으로 보아 신석기 말에서 청동기시대에 제작되었음을 알 수 있다.

선과 점을 이용하여 동물과 사냥 장면을 생명력 있게 표현하고 사물의 특징을 실감나게 묘사한 미술작품으로 사냥 미술인 동시에 종교 미술로서 선사시대 사람의 생활과 풍습을 알 수 있는 최고 걸작으로 평가되는데, 이러한 암각화가 곧 글씨가 나오기 전의 글씨로써 당시에는 이러한 모형의 그림을 그려놓은 것을 서로 인지(認知)하고 또한 서로 통용하였을 것으로 추정한다.

이는 글씨가 나오기 전의 사람들이 서로 의사소통을 할 때에 이렇게 그림을 그려서 상대방에게 주기도 하고 받기도 하였을 것이다. 즉 암호문자인 셈이다.

이 암각화를 이용하여 작품화한 현대 서예가 김정호의 작품을 소개하고자 한다.

김정호(金貞鎬)의 하란산암화(賀蘭山巖畵)

위 작품은 현대의 서예가 김정호의 작품인데, 아마도 이는 암각화에서 영감을 얻었을 것이라고 생각한다. 이 작품은 필자가 계간《서법탐원》지에 "서예장법"을 연재하면서 실은 작품인데, 상당한 매력을 가진 작품이다.

전에는 아무도 이런 작품을 만들지 못하였는데, 작가가 처음으로 이 세상에 내놓은 창작품을 별벽혜경(別闢蹊徑)이라 한다. 아마도 김정호의 이 작품은 이러한 작품이 아닌가 한다.

2. 서계(書契)

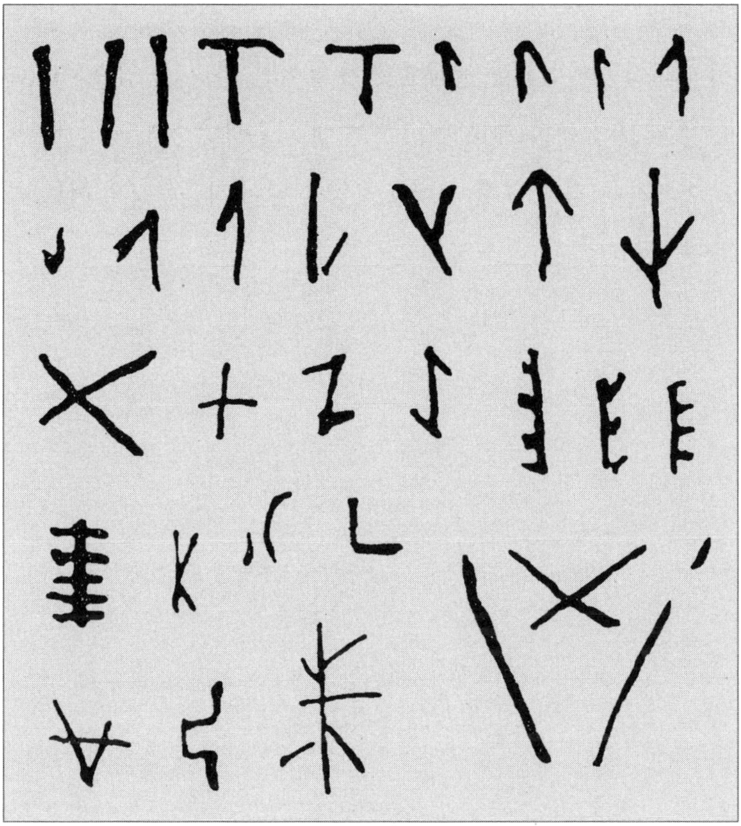

서계도

이는 상고시대의 문서를 가리킨다. 서(書)는 문자(文字)를 가리키고, 계(契)는 나무를 깎아서 그 결에 표시를 한 것이니, 고인(古人)들이 글씨가 없을 때에 나무판에 칼로 그어서 일자(日字)나 약속 등을 표시하여 기억한 문자이다. 이러한 문자를 결승(結繩)문자라고도 한다.

자료의 근거로는 앙소문화(仰韶文化) 및 용산문화(龍山文化) 시의 도자기에 획을 새겨 넣은 부호가 보이니, 이가 가장 이른 시대의 계문(契文)이다.

서예의 작품에 이러한 서계(書契)가 보이면, 아! 이는 앙소문화(仰韶文化)[122] 및 용산문화(龍山文化)[123] 시에 사용하던 계서(契書)로구나! 하고 이해하면 되고, 또한 이러한 문양을 넣어 작품을 만들어보는 것도 좋을 것이다.

---

122 앙소문화(仰韶文化) : 중국 황하(黃河)강 상·중류 유역의 신석기 문화. 화베이(華北)에서 일어난 최초의 농경 문화로서 룽산〔龍山〕 문화의 모체가 되었다. 홍도(紅陶)가 특색이며 시안(西安)의 반포(半坡), 허난성(河南省) 먀오디거우(廟底溝)가 대표적인 유적이다.

123 용산문화(龍山文化) : 신석기시대 후기에 중국 황하(黃河)강의 중·하류 지역에서 번성한 문화. 흑도(黑陶)가 특색이며, 보리와 조를 심는 농업과 목축·채집·수렵 생활을 하였고, 대표 유적으로 산동성(山東省) 역성현(歷城縣) 용산진(龍山鎭)의 성자애(城子崖)가 있다.

3. 갑골문(甲骨文)

귀갑(龜甲)문자, 또는 귀갑수골문자(龜甲獸骨文字)라고도 한다. 갑골문은 1899년 상(商)나라의 옛 왕도(王都)인 은허(殷墟)에서 발견되었다. 갑골문의 최초 발견자는 유악(劉顎)이다. 그는 한방약으로 쓰이는 약재인 용골(龍骨)[124]이라는 뼈에 이상하게 새겨진 옛 문자를 발견하고는 그것의 수집과 연구에 몰두하는데, 그것이 바로 갑골문이었다.

1903년, 그는 자신이 소장한 갑골문의 탁본을 모아 〈철운장귀(鐵雲藏龜)〉라는 책을 출간하였고, 이를 통해 세상에 갑골문의 존재가 알려

갑골문(甲骨文) 수골(獸骨)

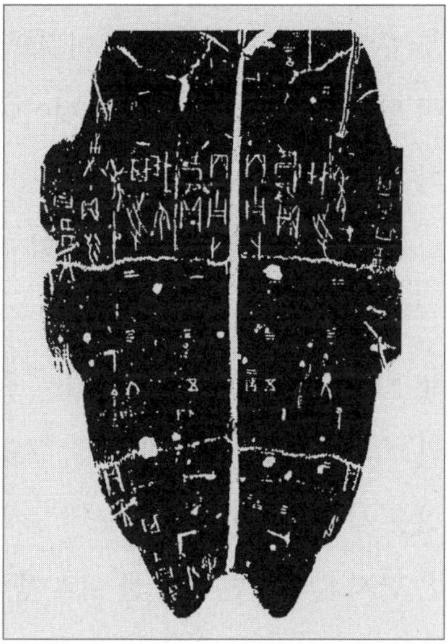

갑골문(甲骨文) 구복갑(龜腹甲)

124 용골(龍骨) : 오래된 짐승의 뼈를 말함. 이는 한약재로 쓰인다.

지게 되었다. 갑골문에 쓰인 내용이 복점(卜占)에 관한 것이므로, 이것을 '은허복사(殷墟卜辭)' 또는 간단히 '복사(卜辭)' 라고도 한다. 귀갑(龜甲)이나 짐승의 뼈를 사용한 복점은 신석기시대부터 행해졌지만, 여기에 문자를 새긴 것은 오직 상나라시대만의 특색이다. 현재 알 수 있는 한자의 가장 오래된 형태로, 회화적 요소를 다분히 남기고 있으나, 순수한 그림문자보다는 상당히 진보되어 있다. 문자의 수는 대략 3,000자이며 그중 약 절반 정도가 해독되었다. 그 후의 연구 결과에 의하면, 반경(盤庚) 때부터 은말(殷末)까지 약 2백 수십 년에 걸친 것으로, 보통 이것을 5기(期)로 나누어 연구하고 있다. 내용은 제사(祭祀), 군사(軍事), 천상(天象), 전렵(田獵), 농경(農耕), 임금의 행행(行幸)과 안부(安否)에 관한 것이 많고, 이것으로 상대(商代)의 정치, 사회, 경제 등이 밝혀져서 전설의 영역을 벗어나지 못하던 상(商)나라 왕조의 존재가 실증되었다.

다음 작품은 김여초(金如初)의 작품으로, 원문은 "不知春去來 一望百川通 處處山依舊 年年事不同 白雲行水上 斜月入林中 東風如解事 花下後相逢" 이고, 협서(夾書)는 "원문과 같은 시구(詩句)에 如初居士" 라고 되어 있다. 해석해 보면, "/오고 가는 봄을 알지 못해 /한결같이 많은 시내가 통함을 바라보네. /처처의 산은 옛 모습인데 /해마다 일은 같지 않네. /흰 구름 물 위로 행하고 /비낀 달은 숲속에 숨었네. /동풍 부니 일이 풀릴 듯하니 /꽃나무 아래서 후일에 만나겠네." 라고 하였다.

협서는 원문을 동일하게 쓰고 여초거사가 썼다로 되어 있다.

갑골문은 원래 원필로 쓰는 관계로 획이 굵지 않고 가늘다. 귀갑(龜甲)이나 수골(獸骨)에 칼로 파낸 듯 보여야 잘 쓴 글씨인데, 이 글씨는 위에 말한 바와 똑같다.

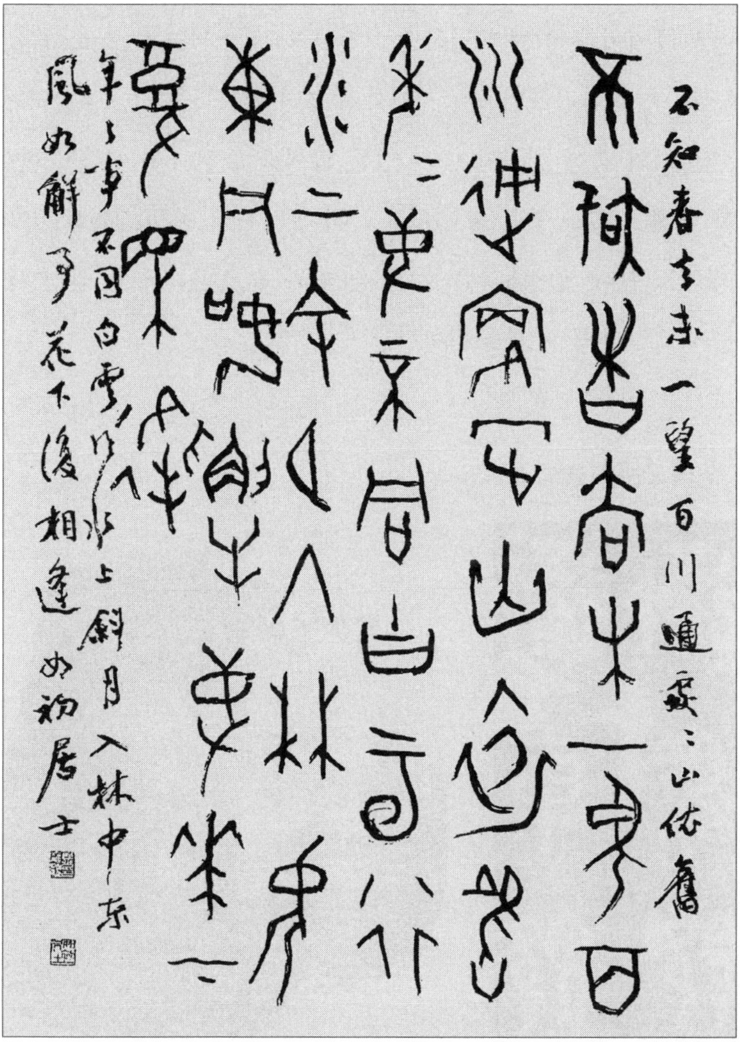

갑골문 작품 「여초거사(如初居士)」

4. 전서(篆書)

전서(篆書)는 은(殷)나라의 갑골문자 시대를 지나 주(周)나라 때부터 춘추시대와 전국시대를 지나 진시황이 집권한 진(秦)나라 때까지 쓰이던 글씨이다. 이를 대별하면 대전(大篆)과 소전(小篆)으로 나눌 수 있는데, 주(周)나라부터 전국시대까지 쓰던 글씨를 대전(大篆)이라 하고, 진(秦)의 승상 이사(李斯)가 만든 글씨를 소전(小篆)이라고 한다. 또한 대전(大篆)을 주문(籒文)이라고 하기도 하고 종정문(鐘鼎文)이라고 하기도 한다. 종정문(鐘鼎文)은 종(鐘)과 솥 같은 기구를 만들 때에 그곳에 새긴 명문(銘文)을 말한다.

가. 석고문(石鼓文)

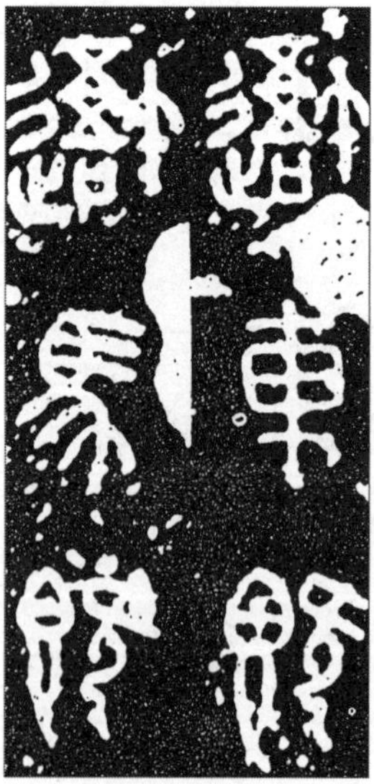
석고문(石鼓文)의 글씨

원석에 새긴 석고문(石鼓文)

석고문(石鼓文)이 무엇이냐 하면, 마치 북과 같이 깎아 만든 돌에 글씨를 조각하여 넣은 것을 말한다. 당대(唐代 : 618~907) 초기에 섬서성(陝西省) 천흥현〔天興縣 : 지금의 봉상현(鳳翔縣)〕에서 발견되었다. 석고는 모두 10개였는데, 각 돌마다 모두 4언시(四言詩) 1수씩 새겨져 있었다. 10개의 석고는 각각 오거(吾車)·견면(汧沔)·전거(田車)·칙홀(勅來)·영우(霝雨)·작원(作原)·이사(而師)·마천(馬薦)·오수(吾水)·오인(吳人)으로 나누어진다.

내용이 모두 사냥에 대한 것이었기 때문에 당시에는 이를 엽갈(獵碣)이라고 불렀고, 통칭 석고문이라고 한다. 그 가운데 '작원(作原)'은 오대(五代 : 907~960) 시기의 난리통에 없어졌다가 그 이후 송나라 때인 1052년(皇祐 4)에 민간에서 나왔다. 그러나 그때는 이미 농부가 반 덩어리를 잘라간 뒤였고, 글자는 겨우 맨 아랫부분의 각 행마다 새겨져 있던 4자뿐이었다.

석고문이 만들어진 시대에 관해서는 그동안 여러 주장이 나왔으나, 1931년에 마형(馬衡)이 〈석고위진각석고(石鼓爲秦刻石考)〉를 지은 후 비로소 진(秦)나라 때의 석각문자임이 공인되었다. 석고(石鼓)는 2,000여 년 이상의 세월을 지나는 동안 표면이 많이 벗겨지고 부서져 나가서 지금은 그 위에 새겨졌던 글자가 하나도 남아 있지 않다. 오래전에 탁본하여 둔 진본(眞本)이 매우 진귀하게 남아 있으며, 현재 북송(北宋 : 960~1126) 때의 탁본이 있다. 원래의 석고는 북경(北京) 고궁박물관(古宮博物館)에 소장되어 있다.

나. 금문(金文)

금문

금문 산씨반(散氏盤)

금문(金文)은 종정문(鐘鼎文)이라고도 부르는데, 은주시대(殷周時代)의 청동기 위에 주조(鑄造)되어 그곳에 새겨진 글자를 가리킨다.

동기(銅器) 중에는 종(鐘)과 정(鼎)이 비교적 중요한 물건이었다. 이 때문에 종정문(鐘鼎文)이라 부르는데, 종(鐘)은 일종의 악기(樂器)로 받침대 위에 걸어 놓고 나무망치를 쳐서 소리를 냈으며, 정(鼎)은 제기(祭器)로 세 발과 두 귀가 있다. 그러므로 향로와 비슷하다.

종주종(宗周鐘)

경영유(庚嬴卣)

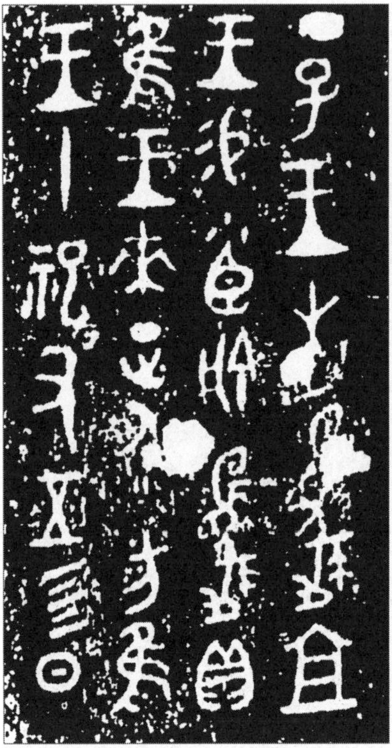

소신(小臣) 여희존(餘犧尊)

사모무정(司母戊鼎)

종정(鐘鼎)의 명문(銘文)은 제전(祭典), 사명(賜命), 정벌(征伐), 약계(約契) 등에 관한 내용이 많은데, 은대(殷代)의 금문은 대부분 자수(字數)가 많지 않고 주대(周代)에 이르러 명문이 많아지며, 가장 긴 것은 선왕(宣王) 시대의 모공정(毛公鼎)으로 491자에 이른다.

명문(銘文)은 요(凹)로 된 것을 관(款)[125]이라 하고 철(凸)로 된 것을

125 요(凹)로 된 것을 관(款) : 각(刻)한 글씨가 안으로 들어간 것을 말함.

지(識)[126]라 한다. 종정의 주조(鑄造)는 시기와 지역에 따라 다르고 쓰여진 자체(字體)도 서로 다르다. 이런 것들 중에는 갑골상형문자(甲骨象形文字)도 있고, 고문(古文)과 육국(六國)의 이문(異文)도 있다.

명문의 대다수는 본(本)을 보고 새겨서 주조(鑄造)한 것인데, 이 때문에 글자의 필획은 갑골에 비해 크고 장중하며, 곡선과 직선은 변화가 많아 비교적 자유롭고 개방적이다.

금궤(禽簋)

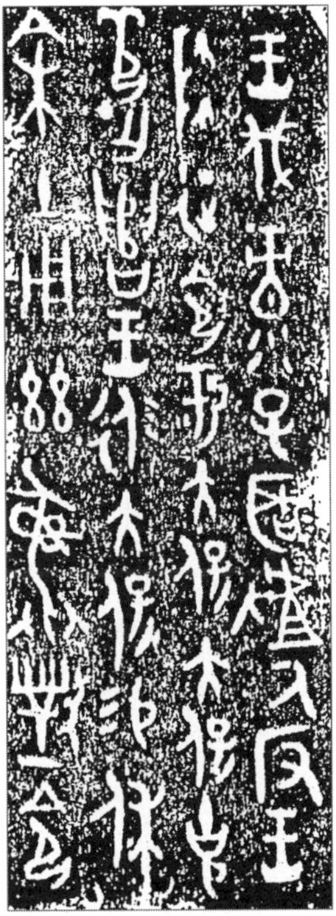

대보궤(大保簋)

126 철(凸)로 된 것을 지(識) : 각(刻)한 글씨가 밖으로 드러난 것을 말함.

결구(結構)는 조화와 호응이 중시되었고 크기도 점차로 균형이 잡혀 있으며, 여유롭고 아름다운 느낌을 주고 있어 당시의 심오한 기교를 엿볼 수 있다.

금문의 대표적인 작품으로는 모공정(毛公鼎)·송정(頌鼎)·대우정(大盂鼎)·산씨반(散氏盤) 등이 있다.

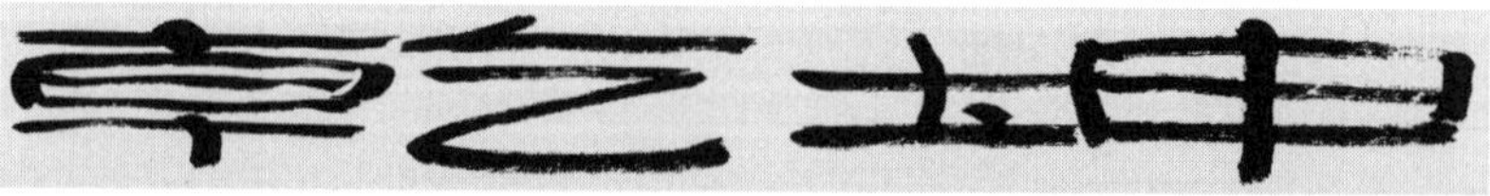

5. 소전(小篆)

소전(小篆)의 서체

소전(小篆)은 대전(大篆)과 대칭되는 용어이다. 당시 수도와 지방의 문자가 달라서 통치함에 어려움이 많았다. 이에 진시황(秦始皇)이 중국을 통일한 뒤에 천하의 문자를 통일시키기 위해서 이사(李斯)에게 명하여 소전(小篆)을 창제하게 하였다. 이에 이사가 대전(大篆)을 약간 변형(變形)하여 소전을 만들었다고 한다.

글씨의 서체를 말하면, 대전(大篆) 역시 장방형의 글자이지만, 소전(小篆)은 더욱 길게 늘려놓은 글씨이다. 그러므로 이 글씨는 대전보다 더욱 아름답게 보인다. 마치 다리가 긴 미인과 같다고나 할까!

소전의 필획은 둥글둥글하고 유창하며 대전에 비해서는 많이 정제되었다. 《태산각석(泰山刻石)》·《역산각석(嶧山刻石)》·《낭야대각석(琅邪臺刻石)》[127] 등은 모두 이사(李斯)가 쓴 것으로 소전의 대표적 작품이다. 당(唐)의 이양빙(李陽氷)과 오대(五代)의 서개(徐鍇), 청(淸)의 등석여(鄧石如) 등이 이 소전의 대가(大家)들이다.

소전(小篆)도 대전(大篆)과 같이 원필(圓筆)을 사용하여 글씨를 쓴다. 그러므로 획은 가늘고 둥글다. 모형은 장방형이니, 대전(大篆)보다 종(縱)으로 길고 좌우로 대칭이 된 글씨가 많다. 도표의 '왕(王)' 자를 보면, 위 두 횡획(橫劃)은 가깝게 써서 마지막 횡획(橫劃)과의 사이를 무한정 벌려놓아 좌우의 시원한 공간을 확보한 이러한 특징을 가지고 있다.

127 낭야대각석(琅邪臺刻石) : 산동성(山東省) 낭야산에 진시황(秦始皇)이 누대(樓臺)를 세우고 자신의 공을 기려 세운 비명(碑銘)이다. 《史記 秦始皇紀》

도표에서 보이는 바와 같이 대전(大篆)은 글자의 길이가 짧다. “석고문(石鼓文)”이 대전(大篆)의 대표적 글씨라고 본다면, 소전(小篆)은 태산각석이 대표적 글씨라고 보면 된다. 진시황이 중국천하를 통일하고 중앙집권체제를 갖추면서 각 지방에서 서로 다르게 쓰고 있던 글씨를 정비하는 차원에서 승상 이사(李斯)에게 명하여 소전(小篆)을 만들게 하였으니, 이 소전은 대전의 글씨보다 길이가 길고 아름답다.

독자 여러분의 감식을 높이기 위하여 대전과 소전의 글씨를 나란히 게시하였으니 모두 이해하리라 믿어 의심치 않는다.

소전(小篆) 작품 (간석당)

대전(大篆) 작품(인터넷 오창석)에서 작품을 따옴

가. 한전(漢篆)

한전(漢篆)

한전(漢篆)이라 함은 한(漢)나라 때에 쓴 전서(篆書)를 말하니, 소전(小篆)에서 많은 변화를 주었다. 그러므로 체격(體格)은 방필(方筆)에 가깝고, 필법은 예서에 가까워서 일반적으로 장중한 맛이 있다. 일반적으로 금기(金器)를 만들 때에 그 위에 글씨를 넣어서 주조(鑄造)하였다.

한나라 때는 이미 예서를 쓰기 시작하였으므로 글씨는 거의 예서와 가깝게 변화를 하였으니, 그러므로 글자가 횡(橫)적 장방형이 되었다.

원래 글씨에서 방필(方筆)을 쓰면 필획이 장중하고 위엄이 있게 되고, 원필(圓筆)을 쓰면 풍만하고 너그럽게 보인다. 그리고 부드럽기도 하다.

나. 옥저전(玉箸篆)

필획이 옥저(玉箸, 옥으로 만든 젓가락)처럼 풍만하게 살찐 전서(篆書)이니, 곧 젓가락 같은 글씨를 가리킨다. 청(淸)나라 진풍(陳灃)이 《모인술(摹印述)》에서 말하기를, "전서의 필획은 양두(兩頭)의 비수(肥瘦)가 균등해야 하고, 끝에서는 필봉(筆鋒)이 나오지 않는 것을 일컬어 옥저(玉箸)라고 한다." 고 했으니, 이것이 전서의 정종(正宗)이다.

명감양(明甘暘)이 《인장집설(印章集說)》에서 말하기를, "옥저(玉箸)는 곧 이사(李斯)의 소전(小篆)을 말하는 것이니, 옥저전(玉箸篆)으로 쓴 점획과 용필(用筆)을 후세에 인용하여 수로(垂露)[128]를 삼았다." 고 하였다. 그리고 또 《한림밀론이십사조용필법(翰林密論二十四條用筆法)》에서 《임지결(臨池訣)》을 인용하여 이르기를, "수로(垂露)는 본래 전각(篆脚)이고 옥저(玉箸)라 일컬으니, 옛 비녀 같은 물체 같은 것이다." 고 하였다.

128 수로(垂露) : 해서(楷書)에서 아래로 내리긋는 획의 맨 끝부분이 이슬이 맺은 것처럼 쓰는 획을 말함.

옥저전(玉箸篆) 도표

도표에서 보는 바와 같이 글자의 좌우가 대칭을 이루었고, 획이 약간 살찐 듯하며 끝에서 붓이 나올 때에 필봉을 안에 숨기고 붓을 끊어서 나오는 것이 특색이다. 그러므로 글씨가 정제되고 정갈한 느낌을 풍긴다.

이외에도 전서에는 철선전(鐵線篆), 하전(夏篆), 주전(周篆), 진전(秦篆) 등이 있다.

6. 예서(隸書)

예서(隸書)는 중국 한(漢)나라 때의 옛 서체(書體)이니, 전국시대부터 진(秦)나라에 걸쳐서, 그때까지의 공식 서체였던 전서(篆書)의 자획을 간략화하고, 일상적으로 쓰기에 편리한 서체로 만들어졌다. 따라서 예서란 전서에 예속하는 서체라는 뜻이다. 또한 노비인 정막(程邈)이 소전(小篆)을 간략화 · 직선화하여 만들었다는 설도 있다. 예서가 성행하기 시작한 것은 전한(前漢) 때부터이며, 전한 중기까지의 것을 고예(古隸)라 하였다. 예서는 전한 말기(B.C. 1세기경)에 완성되었고, 이를 팔분예(八分隸), 또는 팔분이라고 하였다. 그러나 후한(後漢) 때인 2세기경 팔분은 이미 의례적인 서체가 되었고, 대신 초예(草隸)가 생겼으며, 육조(六朝)시대에는 해서(楷書)가 예서를 대신하게 되었다.

예서는 한 점 한 획마다 너울거리는 물결 모양이 있으며, 가장 큰 특색은 가로 획의 끝을 오른쪽으로 빼서 약간 추켜 올리는데 있다. 이를 파세(波勢), 또는 파(波)라고 하며, 팔분은 좌우에 균형이 잡힌 파가 있는 서체를 말한다. 고예(古隸)의 작품은 전한시대의 목간(木簡)에 많이 전해지며, 후한 후기에 비(碑)의 건립이 유행하여, 산동성(山東省) 곡부(曲阜)에 있는 공자묘(孔子廟) 안의 '을영비(乙瑛碑)', '예기비(禮器碑)' 등 팔분으로 쓴 뛰어난 비가 많이 세워졌으며, 서가(書家)들이 서로 솜씨를 겨룬 결과 서도(書道)가 융성해졌다.

당나라의 현종은 예서에 능하였으며, 청대(淸代)에는 한예(漢隸)의 비(碑)에 대한 연구가 성행하였다.

가. 한간(漢簡)

호남성 장사 마왕퇴(馬王堆)에서 출토된 간책과 산동성 임기(臨沂)에서 출토된《손빈병법(孫臏兵法)》죽간은 서한(西漢) 전기의 한간(漢簡)이다. 문자로 보면 비록 예서에 속하지만 필법에서는 여전히 전(篆)의 흔적이 남아있다. 용필은 편리함을 따라 모나기도 하고 둥글기도 하지만 아직 분명한 예(隷)의 파책(波磔)은 없다. 결자(結字) 또한 엄격하게 방정한 형체가 아니어서 분명히 호북성 운몽수호지(雲夢睡虎地)의 진간 예서와 더불어 상통하는 관계이다.

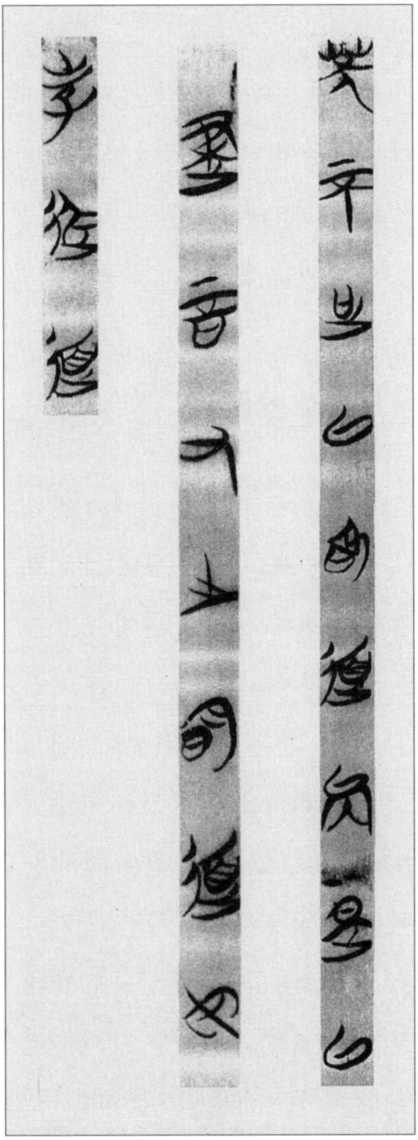
한간(漢簡)

내몽고에서 출토된 거연한간(居延漢簡)은 한간 중에서 정품으로, 그중에 기년

(記年)이 있는 것이 적지 않다. 예를 들면, 〈태시삼년간(太始三年簡)〉 · 〈원봉원년간(元鳳元年簡)〉 · 〈본시이년간(本始二年簡)〉 등은 이미 성숙한 예서이다.

상기한 바와 같이 한간(漢簡)은 백서(帛書)와 같은 글씨로, 전서에서 예서로 들어가는 시기에 쓰인 글씨이고, 백서(帛書)는 비단에 글씨를 썼으므로 비단의 금액이 비싸서 보편적으로 목간(木簡)이나 죽간(竹簡)에 글씨를 썼을 것으로 추정한다.

나. 고예(古隸)

고예(古隸)라 함은 금예(今隸)와 대칭되는 용어이니, 광의(廣義)로 말하면 진예(秦隸)와 한예(漢隸)를 포괄한 명칭이다. 명(明)나라 육심(陸深)이 지은 《서집(書輯)》에서 "진예와 한예를 합한 것을 고예(古隸)라 한다."고 한 것 같은 것이다. 이를 협의(狹義)로 말하면, 전적으로 진예(秦隸)와 같은 글자의 형태로, 전서(篆書)의 의미를 띤 서한(西漢)의 예서를 가리키는 말이다.

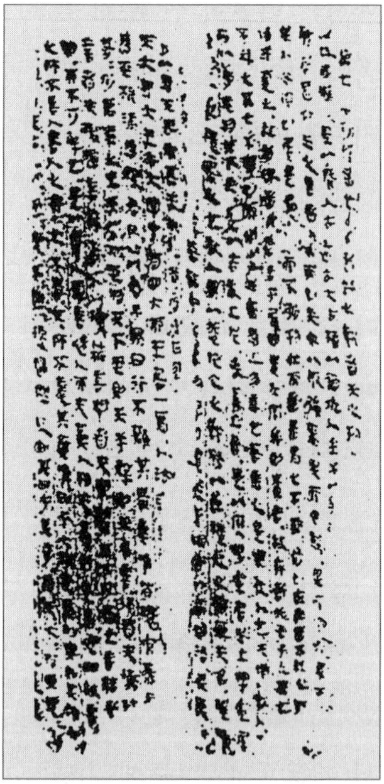

고예(古隸)도

다. 금예(今隸)

금예(今隸) 서도

금예(今隸)는 고예(古隸)와 대칭되는 용어로, 실제로 정서(正書), 즉 해서(楷書)를 가리키니, 일반적으로 종요(鍾繇)와 왕희지(王羲之)가 예서를 변화하여 쓴 글씨인 정서(正書)를 처음으로 금예(今隸)라 하였으니, 이는 고예(古隸)와 분별하여 부른 것이다.

명나라 도종의(陶宗儀)가 쓴 《서사회요(書史會要)》에는 "건초[建初,

장제(章帝)의 연호] 중에는 예서를 가지고 해서(楷書)라 했으니, 본래 한 서체에 둘의 이름이 있었고, 종요(鍾繇)와 왕희지(王羲之)의 변체(變體)가 생기면서 처음으로 고예(古隸)와 금예(今隸)의 분별이 있었다." 고 하였다.

해서(楷書)의 해(楷)자는 '바를 해' 자이니, 예서(隸書)의 글씨를 전적으로 쓰던 시기에는 정서(正書)인 해서(楷書)가 없었으므로 예서를 바른 글씨, 즉 '해서(楷書)' 라 하였는데, 그 뒤에 정서(正書)인 해서(楷書)가 나오면서 '고예(古隸)' 와 '금예(今隸)' 로 구분하여 불렀고, 지금은 예서와 해서로 구분하여 부른다.

라. 금문(今文)

한(漢)나라 예서(隸書)에 대한 별칭이니, 청(淸)의 포세신(包世臣)이 지은 《예주쌍즙(藝舟雙楫)》에는, "진(秦)나라 정막(程邈)이 예서를 만들었는데, 한(漢)나라에서 그것을 금문(今文)이라 하였다." 고 하였으니, 대개 전서(篆書)의 둥글고 굽은 획을 덜어서 쓰기에 쉽고 편리하게 하였다.

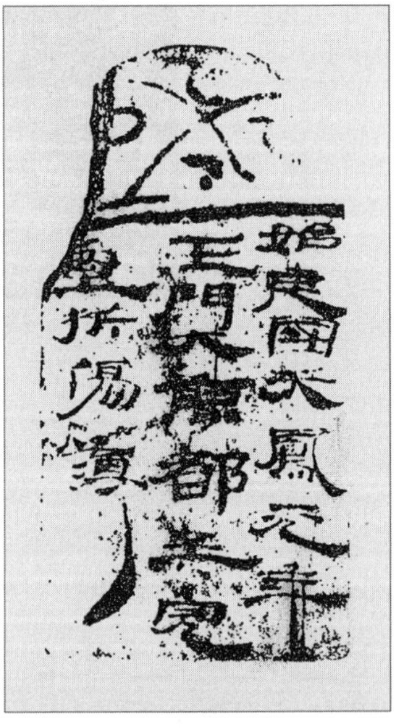

금문(今文)

마. 팔분(八分)

팔분(八分)은 예서의 한 서체이니, 이를 또한 「분예(分隸)」, 또는 「분서(分書)」라고 한다. 팔분이라는 이름은 위(魏)나라와 진(晉)나라 시대에 시작되었다.

팔분(八分)체

유희재(劉熙載)의 《서개(書概)》 제5권에 보면, "정서(正書)가 있지 않은 이전에는 「팔분(八分)」은 단지 예서의 이름이었고, 이미 정서(正書)가 있은 뒤에는 예서를 팔분(八分)이라 명명하지 않을 수가 없었으니, 「팔분(八分)」이라고 명명한 것은 금예(今隸)와 분별하려는 이유에서 생긴 것이다." 고 하였다.

이 외에 여러 사람들의 설(說)이 있으나 중요한 것은 팔분(八分)은 예서(隸書)가 있기 전의 이름이니, 정확한 시기는 전서(篆書)와 예서(隸書)의 사이에 있던 글씨라고 보면 된다.

(서도)에서 보이는 바와 같이 팔분(八分)은 팔(八)자 모양으로 양쪽으로 나뉘어 벌린 글씨이니 전(全)자의 인(人)을 양옆으로 벌렸고, 인(人)자의 좌우의 획을 벌린 것이나, 자(字)자의 자(子)의 꼬리를 좌측으로 쑥 빼어 썼는데, 글자 자체가 우측으로 뺄 획이 없으므로 그냥 한

쪽으로만 뺀 것이다.

바. 진예(秦隸)

이는 진(秦)나라 때의 예서이니, 또한 '진분(秦分)' 이라 명명하기도 하며 한예(漢隸)로 더불어 대칭적 용어이고, 농후(濃厚)한 전서(篆書)의 의취를 띠고 있으며, 필획은 평정(平整)하나 파책(波磔)의 획이 없다.

청(淸)나라 풍반(馮班)이 지은《둔음서요(鈍吟書要)》에 보면 "진나라 저울 위에 쓰인 글자는 진예(秦隸)이니, 전서(篆書)를 빠르게 쓴 글씨이다." 고 하였다.

원(元)나라 오구연(吾邱衍)이 쓴《학고편(學古編)》 제8의『자원칠변(字源七辯)』에는 "정막(程邈)이 진예(秦隸)는 문서가 번다하여 전서(篆書)로 쓰기가 용이하지 않으므로 소전(小篆)을 감하여 쓰기에 편리하게 한 것이니, 한(漢)의 관지전자(款識篆字)가 이 글씨에 가깝고 도법(挑法)과 예법(隸法)이 있지 않아서 좌예(佐隸, 하급관료)들이 쓰기에 편리하기 때문에 예서(隸書)라고 한 것이니, 곧 진(秦)의 저울과 한(漢)나라의 도량(度量, 저울) 위에 새긴 글자이며 사람들은 잘 알지를 못한다. 또한 이를 일러 전서(篆書)라고 하는 것은 그릇된 것이다." 고 하였다. 예서(隸書)의 '예(隸)' 자가 원래 종을 뜻하니, 이때의 상류층에서는 소전(小篆)의 글씨를 썼고, 하류층에서는 비교적 쓰기에 간편한 예서를 썼다. 그러므로 종들이 쓰는 글씨라 하여 예서(隸書)라 한 것이다.

진예(秦隸) 예도

(도표)를 보면 언뜻 전서(篆書) 같으나 이는 전서가 아니고 전서와 예서의 중간 시대의 글씨인 진예(秦隸)이니, 이는 하층 사람들이 글씨를 빨리 쓰기 위하여 소전(小篆)을 생략하여 만든 글씨이다.

사. 한예(漢隸)

한예(漢隸) 도표

한예(漢隸)는 두 가지의 뜻이 있으니, 하나는 양한(兩漢)의 예서를 통칭한 것이고, 다음은 전적으로 동한(東漢)의 파책(波磔)이 확실히 나타난 글씨를 가리키니, 진(秦)과 서한(西漢)의 예서의 풍격과는 판이하게 다르다.

원(元)나라 오구연(吾邱衍)이 쓴《학고편(學古編)》제8의『자원칠변(字源七辯)』에는 "한예(漢隸)는 채옹(蔡邕)의《석경(石經)》과 및 한인(漢人)들의 모든 비문에 쓰인 글자가 이것이니, 이 서체가 가장 늦게 출현한 것이고 다 도법(挑法)이 있으니 진예(秦隸)로 더불어 이름은 한가지이나 실상은 다른 것이다."라고 하였다. 또 말하기를, "팔분(八分)이라는 것은 청(淸)나라 옹방강(翁方綱)의《양한금석기(兩漢金石記)》20권『예팔분고(隸八分考)』에 '한인(漢人)의 파책(波磔)이 있는 예서는, 곧 예서의 필세가 점차 증가함을 말미암은 것이고, 그 형체가 팔(八)자로 벌어졌기 때문에 팔분(八分)이라고 한다.'"고 하였다. 요즈음도 이러한 말이 우세하니, 많은 사람들이 한예(漢隸)라고 말하는 것은 팔분(八分)에서 된 것이다.

원래 예서(隸書)에는 파책(波磔)을 한 글자에 하나만을 허용한다. 이 한예(漢隸)는 예서의 표본으로 보면 된다. 제1행의 구(九)와 제 3행의 구(九)는 같은 구(九)자이지만 모습이 다르다. 왜 다르냐! 하면, 변화를 주었기 때문이다. 제1행의 오(五)자와 제2행의 오(五)자도 변화를 주어서 서로 다르게 썼다. 이렇게 변화를 주는 것은 생명이 그 속에서 숨 쉬며 살게 하려는 의도이니, 만약 생명이 없는 글씨를 써 놓으면 생동감이 없어서 그 글씨를 보는 사람에게 감명을 주지 못하는 것이다. 그러므로 글씨를 쓸 때에는 반드시 변화를 주어야 한다.

아. 진예(晉隷)

진예(晉隷)

진대(晉代)의 예서는 실상 이미 예서에서 해서(楷書)로 들어가는 시기이기 때문에 명(明)나라 장신(張紳)의 《서법통석(書法通釋)》에는 "종요(鍾繇)의 뒤로 이왕(二王)[129]에서 서체가 변화하였으니, 세상 사람들은 그것을 '진서(眞書)' 라 하였고, 붓을 잡을 때에도 그것이 곧 예서인지를 알지 못하였다." 고 하였다.

원(元)나라 오구연(吾邱衍)이 쓴 《학고편(學古編)》 8의 『자원칠변(字源七辯)』에는 "예서에는 진예(秦隸)와 한예(漢隸)가 있다. 오늘날 진(晉)나라 사람들은 진서(眞書)를 진예(晉隸)라고 한다." 고 하였으니, 이렇게 말하면 자연히 쉽게 이해가 되리라.

진(晉)나라가 있고 진(秦)나라가 있는데, 연대로 보면 진(秦)이 먼저이고 진(晉)이 후대이다. 이때는 해서(楷書)와 행초(行草)가 나온 시기이므로 예서는 이미 해서로 변화할 시기이다. 도표에서 보이는 바와 같이 무(無)자의 아래 4개의 점은 해서처럼 변화를 하였다. 이 시기가 왕희지와 왕헌지, 그리고 위부인(衛夫人)이 활동한 시기이다.

자. 당팔분(唐八分)

당나라 때의 팔분(八分)의 서체를 또한 '당분(唐分)', '당예(唐隸)' 라고 부른다. 그러나 당나라 사람들이 진서(眞書, 정서)를 부를 때도, 또한 '예서(隸書)' 라고 하였기 때문에 '당예(唐隸)' 라고 하는 이 말의 함의가 명쾌하지 않아서 많은 사람들이 '당팔분(唐八分)' 으로 그 이름을 대신하였다. 그러므로 '당팔분(唐八分)' 에 대한 평가와 포폄(褒貶)

129 이왕(二王) : 왕희지와 왕헌지 부자를 말함.

이 일정하지 않다.

청(淸)의 섭창치(葉昌熾)의 《어석(語石)》 7권 「당인분서명가(唐人分書名家)」에는 "당(唐)은 한(漢), 위(魏)의 뒤를 이었으니, 팔분의 서체는 굉위(宏偉)하고, 아직은 고법(古法)이 있었다."고 하였고, 그리고 청

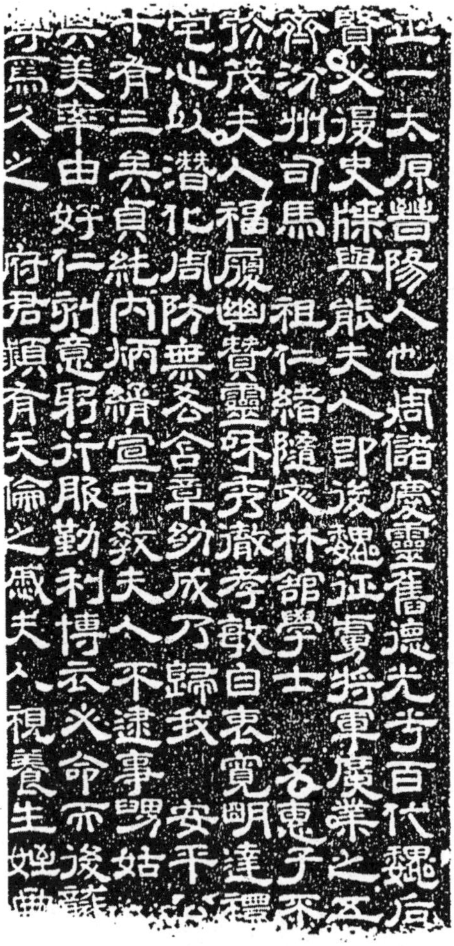

당팔분(唐八分)

(淸)의 전영(錢泳)은 그의 《서학(書學), 예서(隸書)》에서 "당인(唐人)의 예서는 옛날 사람들이 이르기를, '모두 한비(漢碑)에서 나왔다고 하는데, 이는 아니다. 한인(漢人)의 각종 비갈(碑碣)에는 하나의 비(碑)에는 하나의 면모만 있고 똑같은 것은 있지 않다.' 고 하였고, 당인(唐人)에 이르면 이와 반대이니, 원종(元宗) · 서호(徐浩) · 장정규(張廷珪) · 사유칙(史維則) · 한택목(韓擇木) · 채유린(蔡有隣) · 양승경(梁昇卿) · 이권(李權) · 육영(陸郢) 등 제인을 논의할 것 없이 한가지로, 이 일종의 과법(戈法)과 일종의 면모(面貌)가 이미 통하지를 않았고, 《설문(說文)》에는 별체(別體)가 잡다하게 나오나 의미를 규각(圭角)에 두고 제멋대로 도척(挑踢)을 썼으므로 한인(漢人)과는 거리가 멀다." 고 하였다.

당(唐)나라 두보(杜甫)의 《이조팔분소전가(李潮八分小篆歌)》에서 "일찍이 한택목(韓擇木) · 채유린(蔡有隣) · 이조(李潮)를 '당팔분(唐八分)' 을 쓰는 대표적 삼가(三家)이다." 고 하였고, 송(宋)나라 구양수(歐陽修)는 사유칙(史維則)을 합하여 사가(四家)라고 칭하였다.

당나라 때는 이미 해서(楷書)와 행서(行書) 및 초서(草書)가 다 출현하여 모두 쓰일 때이다. 이 당팔분(唐八分)은 아마도 비문을 아름답게 쓰려고 일부러 예서를 골라 썼을 것으로 추측한다. 도표의 글씨 중에 인(人)자를 보면, 좌측의 획은 짧고 우측의 획은 길어서 장단의 음양을 넣었고, 삼(三)자와 오(五)자는 상획은 짧고 하획은 길게 써서 음양을 넣었으며, 천(川)자의 경우는 앞의 두 획은 짧아야 하는데 길고, 맨 뒤의 획은 길어야 하는데 짧게 써서 반대로 하였으며 대체로 획이 굵고 풍부한 글씨이다.

차. 고구려 광개토왕비

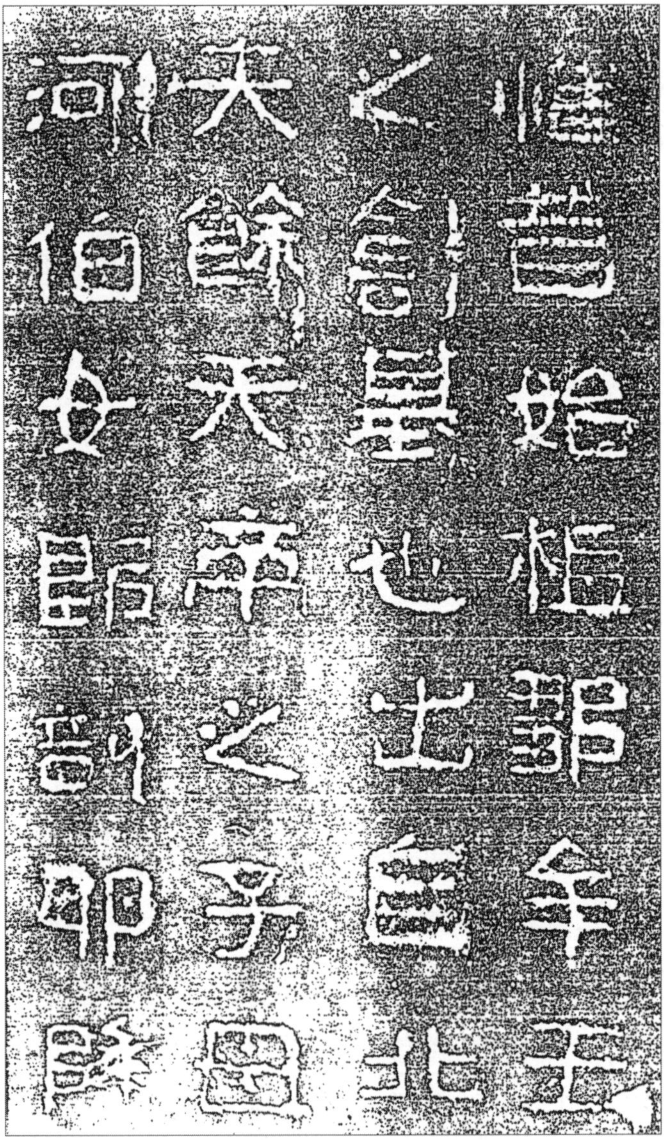

고구려 광개토대왕릉비(廣開土大王陵碑)

고구려 광개토왕릉비는 414년 광개토대왕의 아들 장수왕이 세웠으며, 응회암(凝灰岩) 재질로 높이가 약 6.39미터, 면(面)의 너비가 1.5미터이고, 네 면에 걸쳐 1,775자가 화강암에 예서로 새겨져 있다. 그 가운데 국강상광개토경평안호태왕(國岡上廣開土境平安好太王)이라고 된 부분이 광개토대왕의 비석임을 알게 해주며, 150여 자는 판독이 어렵다. 내용은 대체로 고구려의 역사와 광개토대왕의 업적이 주된 내용이며, 고구려사 연구에서 중요한 사료(史料)가 된다. 또한 전한(前漢) 예서(隸書)의 서풍으로 기록되어 있어 금석문 연구의 좋은 자료가 된다.

이 비석은 조선 후기까지 확인된 적은 없었다. 그러다가 청(淸)의 만주에 대한 봉금제도가 해제된 뒤에야 비로소 발견되었다.

비석이 발견된 소식이 알려지자, 여러 서예가나 금석학자들이 탁본을 만들었는데, 사람들이 보다 정교한 탁본을 만들기 위해 불을 피워 비석 표면의 이끼를 제거하는 과정에서 비면의 일부가 훼손되었고, 또한 석회를 발라 비면을 손상시킴으로써 이후 연구에 논란을 일으켰다. 특히 광개토왕릉비의 신묘년 조는 아직도 큰 논란거리가 되고 있다.

비석은 대체로 세 부분으로 나누어진다. 고구려의 건국부터 광개토대왕까지의 역사를 다룬 첫째 부분은 묘비 제 1면 1행에서 6행까지이다. 광개토대왕의 정복 전쟁을 기술한 둘째 부분은 제1면 7행부터 3면 8행까지이다. 묘비 및 연호에 관한 마지막 부분은 제3면 8행부터 제4면 9행까지이다.

7. 진서(眞書)

진서(眞書)는 한자의 주요한 서체 중의 하나니, 원래 금예(今隸), 해서(楷書), 정서(正書)라고 칭하였다. 한(漢)나라 말에 만들어졌는데, 한예(漢隸)를 이어서 파책(波磔)을 덜고 구(鉤)획과 적(趯)획을 더해서 만들었으니, 위(魏)의 종요(鍾繇)와 진(晉)의 왕희지(王羲之)가 체세(體勢)를 개변(改變)함에 이르러서 법칙이 창제되었으므로, 예서와 해서가 드디어 완전히 분리되어 두 서체가 되었다. 그러므로 명(明)나라 장신(張紳)의 《법서통석(法書通釋)》에서 말하기를, "옛날에는 '진서(眞書)' 라는 명칭이 없었으니, 후인들이 정서(正書), 또는 해서(楷書)라고 이른 것은 대체로 예서를 말한 것이다."고 하였다.

그의 예서와 해서의 주(註)를 인용하여 말한다면, "다만 종요(鍾繇)의 뒤에는 이왕(二王)이 서체를 변화시켰으니, 세상 사람들이 이를 '진서(眞書)라 한다."고 하였으니, 이것을 진서(眞書)라고 하는 것이다.

당(唐)의 장회관(張懷瓘)의 《육체서론(六體書論)》에서 해석한 말에 의하면, "글자가 모두 참되고 바른 것을 '진서(眞書)' 라고 하니, 역대를 통하여 모두 종요(鍾繇)와 왕희지(王羲之)를 정서(正書)의 시조로 삼고, 육조(六朝)의 시기는 진서의 발전 시기이니, 마애(磨崖)[130]와 조상(造像)[131]은 자태가 백가지로 변하고 정품(精品)이 번갈아 나왔다. 더욱이 용문이십품(龍門二十品) · 장맹룡비(張猛龍碑) · 찬보자비(爨寶子

130 마애(磨崖) : 석벽에 새겨진 글자나 그림, 불상 따위를 말함.

131 조상(造像) : 석상, 동상 따위를 만든 사연이나 유래를 적은 글. 즉 조상기(造像記).

碑)·용장사비(龍藏寺碑)·동미인묘지(董美人墓誌) 등은 저명한 각비(刻碑)이고, 당나라에 이르러서 크게 성했으니, 구양순(歐陽詢)·우세남(虞世南)·저수량(褚遂良)·설직(薛稷)·안진경(顔眞卿)·유공권(柳公權) 등은 각기 그 서체에 풍모가 있어서 울창하여 크게 보임이 있고, 그중에 안진경은 또한 고법(古法)을 변화시켜서 웅건(雄健)함이 홀로 우뚝하다."고 하였다.

당나라 손과정의 《서보(書譜)》에서 이르기를, "진서(眞書)는 점과 획으로 형질을 삼고 사전(使轉)으로 성정(性情)을 삼는다."고 하였으니, 요점은 힘써서 평정(平正)함과 매판(呆板)을 피하는데 있는 것이다.

종요(鍾繇)의 하극첩표(賀克捷表)와 묘전병사(墓田丙舍)와 왕희지의 악의론(樂毅論), 황정경(黃庭經)·동방삭화찬(東方朔畵讚) 등은 진서 중의 극품(極品)이다.

해서(楷書)는 대별하여 육조해(六朝楷)와 당해(唐楷)로 나누는데, 육조해에서는 위진(魏晉)의 비문(碑文)이 모두 육조해이고, 당해(唐楷)는 구양순(歐陽詢)과 안진경(顔眞卿)으로 대별하는데, 구양순은 육조해를 이어서 쓴 글씨이므로 방필(方筆)로 획이 정갈하고 굳세고, 안진경의 해서는 원필(圓筆)로 장중(莊重)하고 부드럽다.

당(唐)나라 초기에는 구양순체 일색이어서 감히 누가 나서서 구양순과 다른 글씨체를 쓸 수가 없는 시대였는데, 그 뒤 현종 때에 충신 안진경이라는 사람이 나와서 방필(方筆)의 정반대인 원필의 글씨를 내놓아 호평을 받았다고 보면 된다.

가. 육조해(六朝楷)

육조해(六朝楷)는 육조시대에 쓰던 해서를 말하니, 즉 양자강 북쪽 지역에 있던 6개국에서 쓰던 글씨를 말한다. 이 6국은 북방민족이 세운 나라로, 기마(騎馬)를 타고 활을 쏘며 무예를 닦는 것을 주로 하던 씩씩한 기상을 가진 민족이었으므로, 이들이 세운 비문의 글씨도 모두 굳세고 힘차다. 그래서 왕희지가 처음에는 남방의 첩서(帖書)를 위부인에게 공부하였는데, 나중에 북방을 유람하면서 북비(北碑)를 구경하고 자신이 전에 배운 글씨는 힘이 없고 졸렬한데 비하여, 북방의 글씨는 힘차고 주경(遒勁)함을 보고 글씨의 진수가 북비(北碑)에 있다는 것을 깨닫고 다시 북비(北碑)를 공부하여 대성(大成)하였다는 고사가 있다.

그렇기에 서예는 예쁘고 아름다운 것을 좋다고 하지 않고 생동감이 있고 건장한 글씨를 아름답게 보았던 것이니, 독자 여러분은 앞으로 글씨를 관상할 때에 이러한 점에 유의하면 자연히 아름다운 글씨를 구분할 수가 있을 것이다.

이는 북조(北朝)인 북위(北魏) 때의 서체를 가리키니, 당시의 석각(石刻)·마애(磨崖)·조상(造像) 등에 보인다. 이때에 해서가 처음으로 만들어졌으니, 이는 예서에서 탈출한 것이었다. 그러므로 서체의 모습이 여러 가지로 변하였는데, 방정(方正)하고 응중(凝重)한 것으로 주장을 삼았으므로 세상에서 이를 북위체(北魏體)라 하였고, 혹은 위체(魏體)라고도 하였다.

장맹룡비(張猛龍碑)

가사백비(賈思伯碑) 비액(碑額)

고정비(高貞碑)

마오사근법사비(馬鳴寺根法師碑)

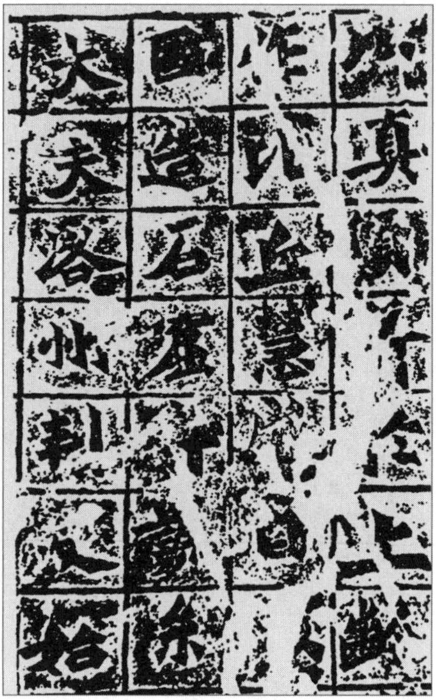

위체(魏體) 도표

미인동씨묘지명(美人董氏墓誌銘)

그러므로 강유위(康有爲)는 《광예주쌍즙(廣藝舟雙楫)》에서 말하기를, "북비(北碑)는 위(魏)나라보다 성(盛)한 것은 없고, 위(魏)보다 갖추어진 나라는 없다."고 하였으니, 대표 작품에는 석문명(石門銘) · 영묘비(靈妙碑) · 국언운묘지(鞠彦雲墓誌) · 휘복사비(暉福寺碑) · 조비간묘문(弔比干墓文) · 손추생조상(孫秋生造像) · 양대안조상(楊大眼造像) · 해백달조상(解伯達造像) · 정문공비(鄭文公碑) · 장맹룡비(張猛龍碑) · 육십인조상(六十人造像) 등이 있다.

위체(魏體)는 해서(楷書) 발전 시기의 서체니, 위로는 종요와 왕희지를 잇고, 아래로는 수(隋)와 당(唐)을 열어서 당나라에 이르러 해서가 완성되었다.

도표에 게시된 서체는 석각에 새겨진 서체이니, 조상(造像)과 같이 각(角)이 뚜렷하고 힘차다. 중국 소주(蘇州)에 있는 한산사(寒山寺)[132]의 석판(石板)의 글씨가 이 체이다.

도표에서 보는 바와 같이 미인동씨묘지명(美人董氏墓誌銘)은 육조 해서의 걸작이다. 원래 육조해(六朝楷)[133]는 방필(方筆)로써 굳센 것을 생명으로 여긴다. 여기에서 방필이라는 것은 원필(圓筆)의 반대 용어로 필획에 모각이 있어서 근엄하고 용감한 글씨체로 임전무퇴의 기상을 지닌다.

'미인(美人)' 의 책(磔, 파임)에서는 각이 진 것이 확연히 보이고, 뿐만 아니라 한 획 한 획이 모두 각을 이루고 있는 것이 환히 보인다. 다만 조(祖)자의 마지막 획인 늑(勒)의 우측 마무리 부분을 원으로 쓴 것은 약간의 부드러움을 주려는 의도이다.

나. 당해(唐楷)

당해(唐楷)[134]는 육조시대와 수(隋)나라를 지나 당(唐)나라 때의 해

---

132 한산사(寒山寺) : 중국 장쑤성(江蘇省) 쑤저우시(蘇州市) 교외의 펑챠오(楓橋鎭)에 있는 절. 당나라 장계(張繼)의 〈풍교야박(楓橋夜泊)〉의 시로 유명하다.

133 육조해(六朝楷) : 육조시대의 해서, 즉 양자강 북쪽에 도읍하였던 위(魏), 진(晉), 북위(北魏), 북제(北齊), 북주(北周), 수(隋) 등 6국을 말함.

134 당해(唐楷) : 당나라 때의 해서(楷書)를 말함.

서(楷書, 正書)를 말한다. 이때는 이미 한나라의 예서의 시대를 지나서 해서가 정립된 시기이니, 해서의 서예가들이 많이 배출되었다. 그중에서 구양순 · 안진경 · 유공권 · 우세남 등의 서가가 나와 활발한 문예활동을 한 시기이기도 하다. 그러므로 아래에 구양순 · 안진경 · 유공권 등의 서예를 게시하고 감상하기로 하겠다.

그리고 우리나라 고려의 서예에 지대한 영향을 끼친 원(元)나라 조맹부의 송설체를 감상하기로 하겠다.

8. 행서(行書)

행서(行書)는 해서와 초서의 중간적인 서체이다. 행서의 종류에는 행압서(行押書) · 진행(眞行) · 행해(行楷) · 초행(草行) · 행초(行草) · 소행초(小行草) · 반초행서(半草行書) 등이 있다. 행압서란 행서의 초기 명칭이며, 진행은 진서에 가깝게 하되 흘린 것으로, 해행(楷行) 또는 행해라고도 한다. 행해는 해서이면서 행서에 가까운 것을 말하며, 초행은 초서에 가까운 행서로 행초라고도 한다. 소행초는 글자가 작은 행초이며, 반초행서는 초도 아니고 행도 아닌 중간적 서체이다.

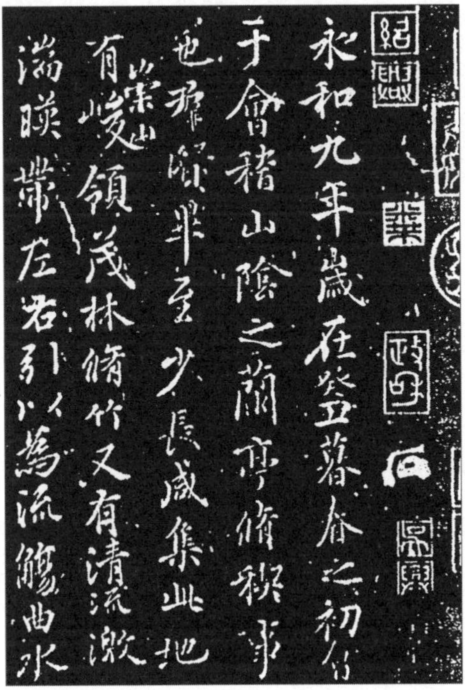

왕희지(王羲之)의 난정서(蘭亭序) 신룡반인본(神龍半印本)

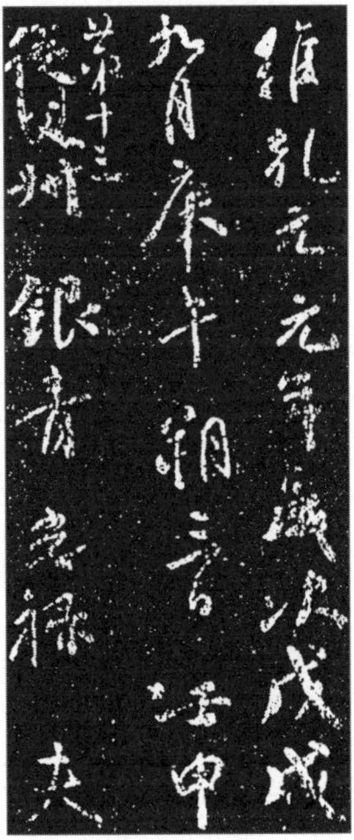

안진경(顔眞卿)의 제질문고(祭姪文稿)

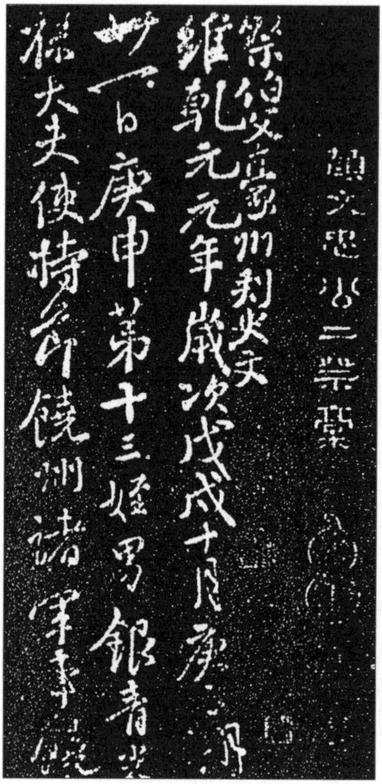

안진경(顔眞卿)의 제백문고(祭伯文稿)

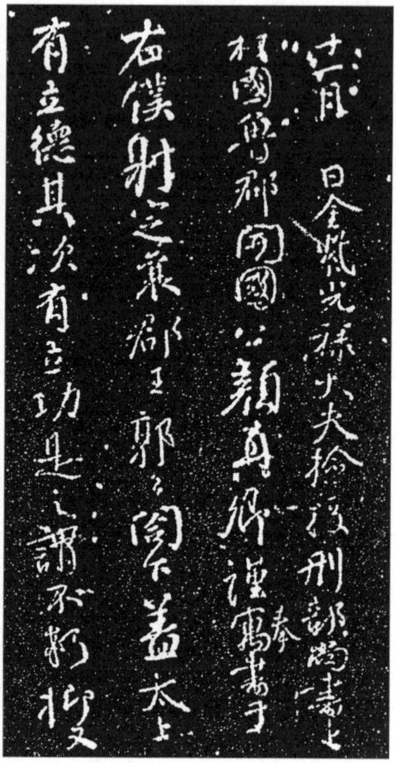

안진경(顔眞卿)의 쟁좌위첩(爭坐位帖)

이와 같이 행서는 해서 · 초서와 함께 쓰기도 하며, 나아가 해 · 행 · 초 3체를 다 섞어 쓰는 등 서체 가운데 가장 다양하게 변화를 줄 수 있다. 당나라 때 장회관(張懷瓘)은 "진(眞)도 아니고 초(草)도 아닌 것을 행서라 한다."고 했고, "정서(正書)를 조금 바꾸어 쉽게 하려고 점과 획 사이를 흘러가는 필의로 썼기 때문에 행서라 하며, 또는 행압서라고도 한다."라고 했다.

또한 청대의 송조(宋曹)는 "행서는 진서(眞書)를 약간 흘리고 간략화한 것으로 쓰기 쉬우며, 서로 이어져서 구름이 가고 물이 흐르듯 그 사이에 진하고 가는 획이 나올 수 있으며, 진서도 초서도 아니면서 모난 것을 떠나 둥글게 되니, 곧 해서와 예서를 빠르게 한 것이다."라고 했다.

행서는 후한(後漢) 초의 유덕승(劉德昇)에게서 비롯되었다고 하나 확실하지 않다. 진대(晉代)의 위항(衛恒)은 위(魏)나라의 종요(鍾繇)와 호소(胡昭)가 유덕승에게서 배워 행서를 썼다고 하는데, 종요삼체(鍾繇三體) 가운데 하나가 행압서, 즉 행서이며 이것은 동진의 왕희지(王羲之)·왕헌지(王獻之) 부자에 이르러 완성되었다. 즉 역사적으로 볼 때 행서는 후한에서 삼국시대의 위나라에 이르는 동안 서체로서 인정받기 시작하여 동진의 왕희지 부자에 이르러 완성되었으며, 이후 일상생활에서 가장 많이 쓰이는 서체로써 중요한 위치를 차지했다. 현존하는 것 중 가장 오래된 것은 353년에 왕희지가 쓴 〈난정서(蘭亭序)〉인데, 이것은 당대(唐代)의 필사본이다.

9. 초서(草書)

초서는 대략 말해서 자체(字體)를 간략하고 빠르게 쓴 초체(草體)를 가리킨다. 초체는 문자를 빠르게 서사(書寫)한 것으로 전서(篆書)의 경우는 전초(篆草), 예서의 경우는 예초(隸草)라 하며 중국 장사(長沙)의 묘에서 출토된 죽간(竹簡)과 서북지방 출토의 목간(木簡) 등에서 대전(大篆) 및 한예(漢隸)의 초서가 보인다. 이러한 초체가 계속 변화하고 발전하여 일종의 고정된 서체를 형성하게 된다.

이를 좁은 의미의 초서로, 장초(章草)·금초(今草)·광초(狂草)라 말하는데, 아직 형식이 정비되지 않은 한대(漢代, B.C. 206~A.D. 220) 초기의 것은 고초(古草)라 하며, 전한(前漢) 후반기에는 파책(波磔)을 수반하며, 후한대에 글자체가 완성되었으니, 이것을 장초(章草)라 한다. 장초는 예초(隸草)·급취(急就)라고도 하는데, 예서 필획의 글자가 모두 독립되고 결체가 모나고 납작하며 파책이 남아 있고, 필획이 서로 이어지지 않으며 점획을 생략했다.

장초의 초기 형태는 한대의 목간에서 찾아볼 수 있으며, 장초의 법첩인 사유(史游)의 〈급취장(急就章)〉과 〈순화각첩(淳化閣帖)〉에 있는 장지(張芝)·황상(皇象)·색정(索靖) 등의 장초가 대표적이다. 후한 말 새로 나타난 서체인 금초(今草)는 오늘날 흔히 사용되는 초서로 후한의 장지(張芝)가 장초에서 파책을 제거하고 글자 상하의 혈맥을 이어 창안했으며, 동진(東晉)의 왕희지(王羲之)·왕헌지(王獻之) 부자가 완성했다.

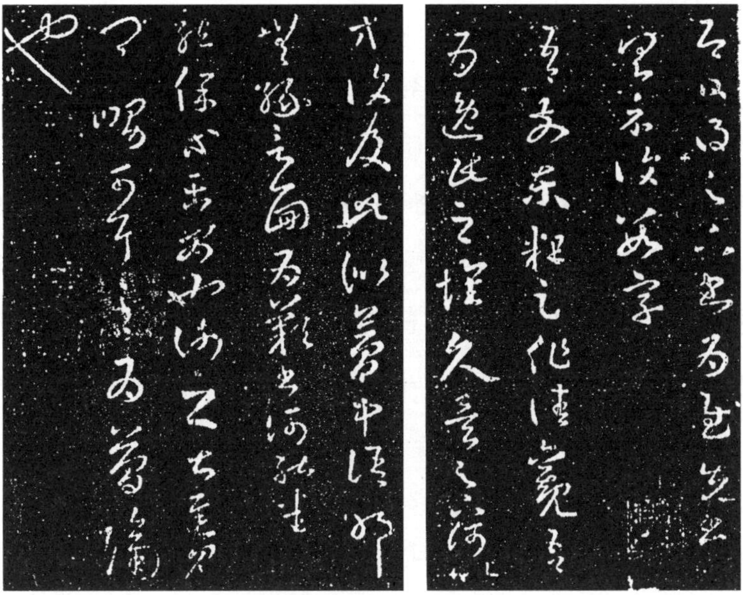

왕희지(王羲之)의 십칠첩(十七帖)

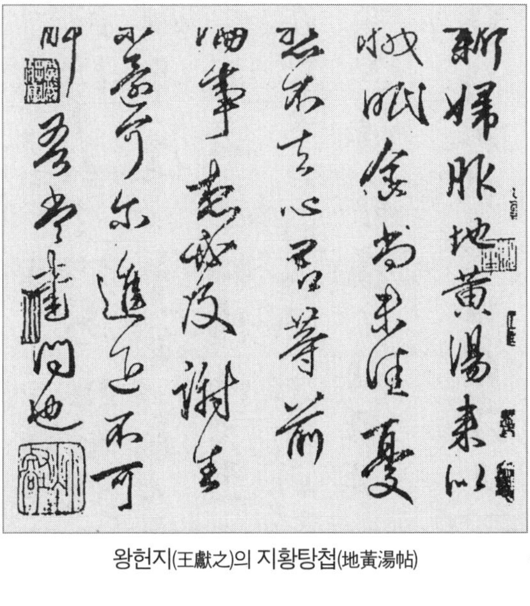

왕헌지(王獻之)의 지황탕첩(地黃湯帖)

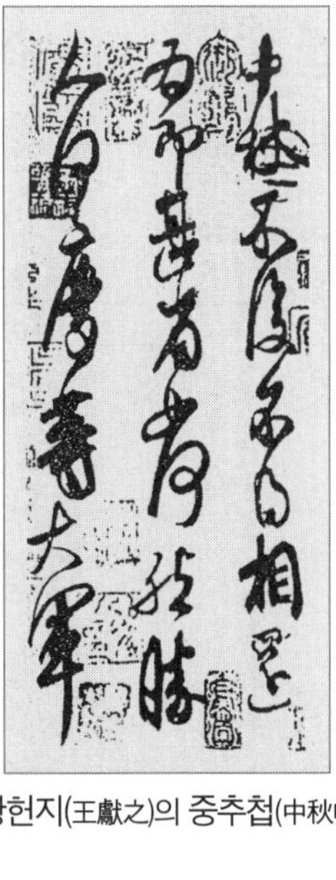

왕헌지(王獻之)의 중추첩(中秋帖)

금초에는 한 글자씩 쓰는 독초체(獨草體)와 붙여서 쓰는 연면체(連綿體)가 있다. 금초는 〈순화각첩〉에 실린 왕희지 · 왕헌지 부자와 장지의 글씨, 왕희지의 〈십칠첩(十七帖)〉 · 〈상란첩(喪亂帖)〉, 왕헌지의 〈지황탕첩(地黃湯帖)〉 등에서 볼 수 있다. 광초(狂草)는 당나라 장욱(張旭)이 시작한 것으로 전통적인 초서 필법에서 벗어난 것이며, 술과 자연현상 등으로부터 얻은 정취나 영감에 의해 극도로 자유분방하게 쓴 것이다. 대표적인 예로는 장욱의 〈자언첩(自言帖)〉, 회소의 〈자서첩(自敍帖)〉 등이 있다. 초서는 쓰는 사람의 개성을 발휘하기가 용이하며, 문자가 실용적 성격에서 유희적 성격을 띤 예술 영역에 도달하는데 교량역할을 한 것으로 서예사적 의의가 크다.

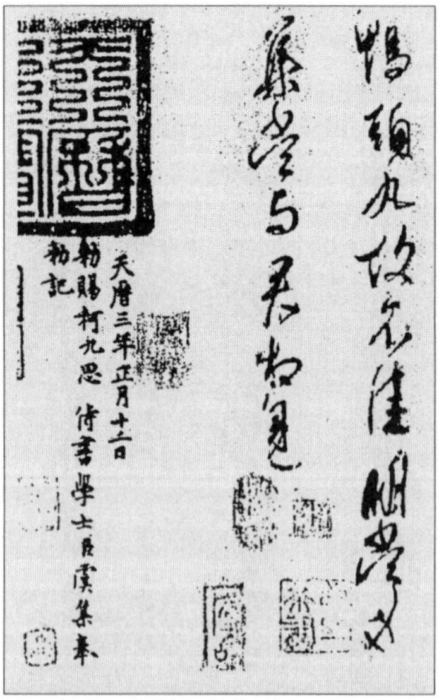

왕헌지(王獻之)의 압두환첩(鴨頭丸帖)

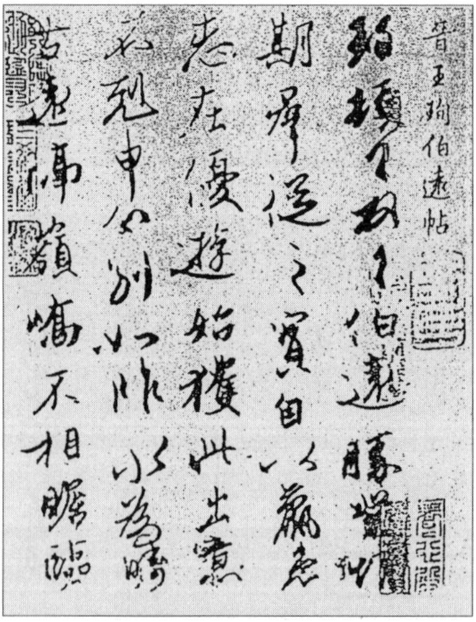

왕순(王珣)의 백원첩(伯遠帖)

우리나라는 고려시대까지는 초서의 발달과정을 살펴볼 만한 유서(遺書)가 남아 있지 않다. 조선 전기 · 중기의 것으로 이황 · 황기로 · 양사언 · 한호 · 최흥효 · 이용 · 김구 등의 초서체 서책이 남아 있고, 후기에는 윤순(尹淳) · 신위(申緯) · 김정희(金正喜) 등의 초서가 유명하다. 그러나 중국에서처럼 크게 유행하지 않았고 자체(字體)도 대개 진대(晉代)의 전통적인 초서가 중심을 이루었다.

서가(書家)

1. 구양순(歐陽詢)

구양순(歐陽詢)의 구성궁예천명(九成宮醴泉銘)

구양순은 담주(潭州) 임상(臨湘, 지금의 호남성) 장사 사람으로 관직은 홍문관학사에 이르렀고 〈예문유취(藝文類聚)〉 100권을 편집했다.

서법은 왕희지(王羲之)를 계승하고 북비(北碑)의 힘차고 빠른 필치를 융합시켜 힘차고 거칠면서도 순수하고 소박한 품격을 이루었다. 〈구성궁예천명(九成宮醴泉銘)〉과 〈화도사비(化度寺碑)〉 등의 비문이 그의 대표작이다. 해법에 있어서 으뜸으로 인정받았던 그가 후대에 끼친 영향은 매우 컸다. 유명한 〈구양순36법(歐陽詢三十六法)〉은 후세

구양순(歐陽詢)의 방언겸비(房彦謙碑)

구양순(歐陽詢)의 황보탄비(皇甫誕碑)

구양순(歐陽詢)의 온언박비(溫彦博碑)

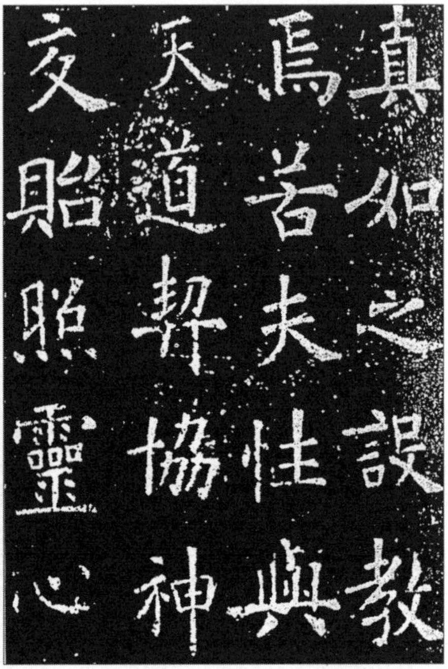

구양순(歐陽詢)의 화도사옹선사탑명(化度寺邕禪師塔銘)

사람들이 그의 서법(書法)을 분석하여 지은 것이다. 그의 서법은 멀리 해외에까지 전파되어 일본과 조선에서 다투어 모방했다. 그의 아들 통(通)은 가학(家學)을 전수받아 더욱 거칠고 험한 서풍을 이루었다.

2. 우세남(虞世南)

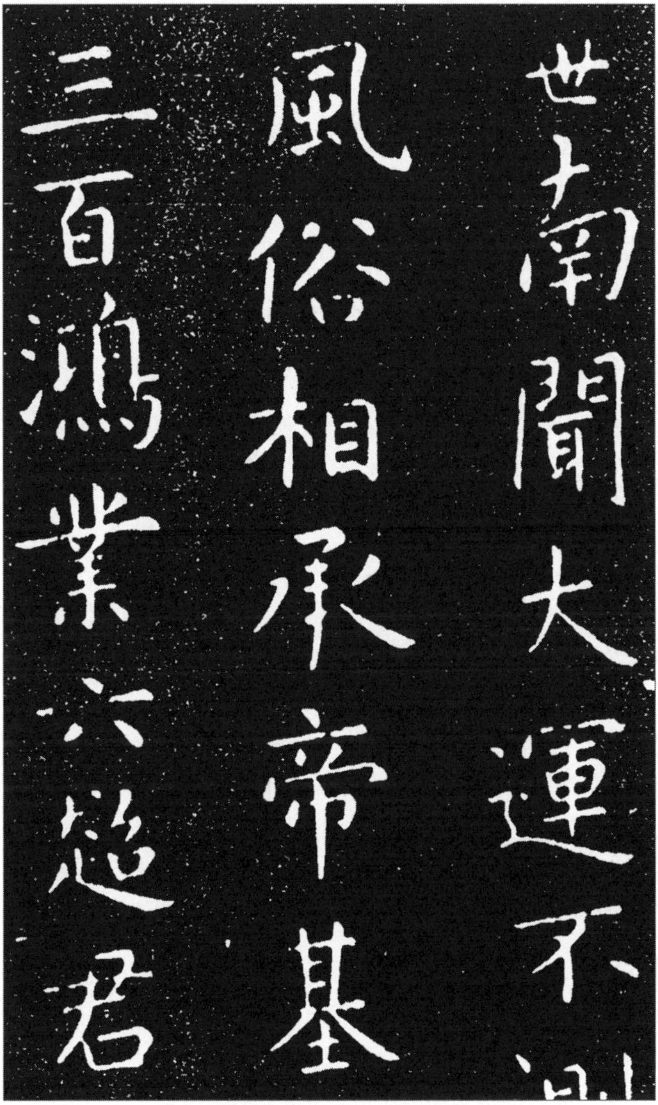

우세남(虞世南)의 서체

우세남은 자가 백시(佰施)로 월주(越州) 여요〔餘姚, 지금의 절강성(浙江省)〕 사람이다. 벼슬이 비서감(秘書監)에 이르렀고 〈북당서초(北堂書鈔)〉 100권을 편집했다. 당 태종은 그에게 5절(五絶), 즉 덕행(德行)·충직(忠直)·박학(博學)·문사(文辭)·서한(書翰)이 있다고 칭찬했다.

어려서 지영(智永)으로부터 서법을 배워 이왕(二王, 王羲之·王獻之)의 깊은 경지에 이르렀다. 그의 서법은 "온아하며 내부에 강함과 부드러움을 함께 가지고 있다."고 하고, 또한 "풍채가 심원하다."라고 일컬었다. "구양순은 금과 같고 우세남은 순수한 옥과 같다."라고 하여 '구·우'로 함께 불려진다. 〈공자묘당비(孔子廟堂碑)〉가 우세남의 손꼽히는 작품이다. 일찍이 서론(書論)으로 〈필수론(筆髓論)〉을 지었고, 이를 배운 이들이 많은 유파를 만들었다. 당(唐)의 태종도 우세남에게 서예를 배웠다.

3. 저수량(褚遂良)

저수량(褚遂良)의 서체

저수량(褚遂良)은 집정대신(執政大臣)을 지냈는데, 맡은 일에 충직하고 엄정했으나 좌천되어 애주자사(愛州刺史)로 있다가 63세에 죽었다. 그의 서법은 이왕을 계승하고 구양순과 우세남의 장점을 함께 갖추고 있어서 힘차면서도 아름답다. 그의 서법은 왕희지의 정기를 깊이 이어받았기 때문에 당시 황금보다 더 가치가 있었으며 당대(唐代) 사람들 가운데 왕희지의 서체를 배우고자 한 사람들은 대부분 저수량으로부터 시작했다. 안진경(顏眞卿)도 역시 저수량으로부터 배웠다.

대표작에는 〈이궐불감비(伊闕佛龕碑)〉와 〈안탑대당삼장성교서(雁塔大唐三藏聖敎序)〉 등이 있다. 또한 그는 작품에 감정을 표현하는 데도 뛰어났다. 당 태종이 모두 3,000여 점에 달하는 왕희지의 필적을 대대적으로 수집하자, 당시에 그것의 진위를 분별해내는 사람은 아무도 없었다. 저수량이 이것들의 출처를 완전히 가려냈는데, 하나도 틀림이 없었다.

4. 안진경(顔眞卿)

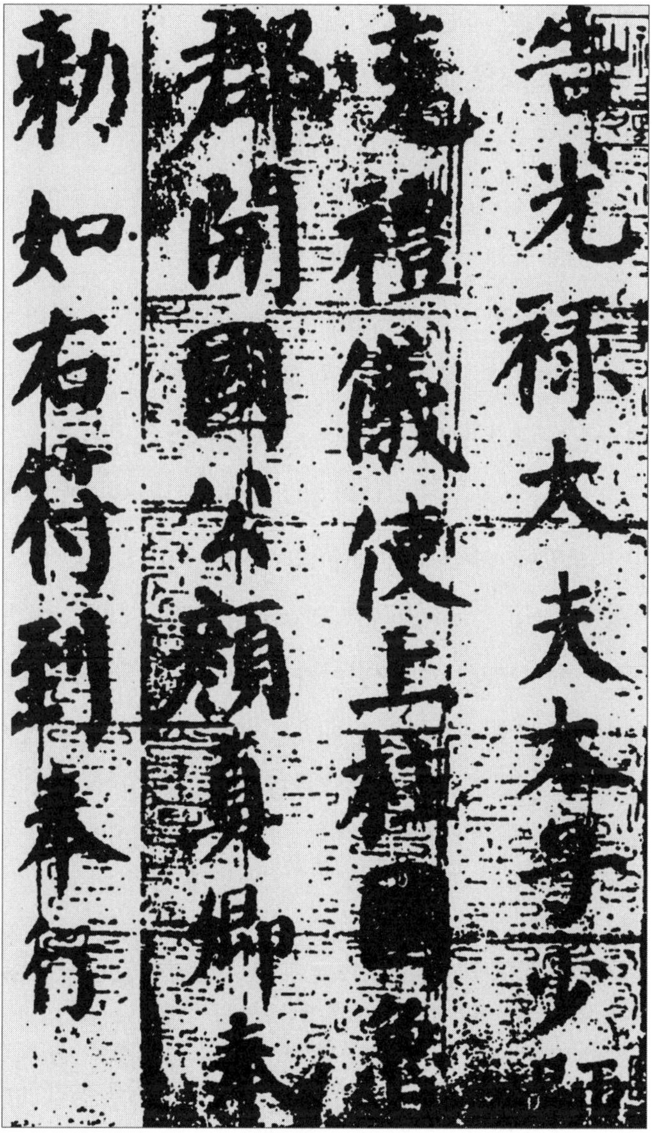

안진경(顔眞卿)의 서체

안진경(顔眞卿)의 자는 청신(淸臣)이니, '안사(安史)의 난'[135]과 '이희열(李希烈)의 난'[136] 때 큰 공을 세웠으나, 난중(亂中)에 순국했다.

공훈과 예술적인 재능으로 인해 사람들의 추앙을 받았다. 남북조시대 이래로 그의 선조 가운데 안등지(顔騰之) · 안지추(顔之推) · 안사고(顔師古) · 안근례(顔勤禮) 등이 모두 고문자학(古文字學)을 연구했고 서예에도 뛰어났었다. 인척관계에 있던 은령명(殷令名) · 은중용(殷仲容) 부자도 또한 당대 초기의 유명한 서예가였다.

안진경은 "집안이 가난하여 종이와 붓이 없었으므로 담의 벽에다 황토로 연습하여 서예를 익혔으며, 해서(楷書)에 특히 뛰어났다."고 한다. 벼슬길에 나간 후에는 장욱(張旭)에게 서법을 배워 더욱 진전이 있었다. 그 후 남북을 두루 다니며 관리생활을 하면서 유명한 석각(石刻)을 많이 보았다. 예컨대, 한대(漢代)의 여러 비(碑), 태산(泰山)에 있는 북제(北齊) 때의 〈금강경(金剛經)〉, 남양(南梁) 때의 〈예학명(瘞鶴銘)〉 등을 두루 보면서 시야가 넓어져 필법에 큰 도움이 되었다. 안진경은 해서(楷書) · 행서(行書) · 초서(草書)에 모두 능했다. 그의 해서는 장엄하고도 웅장하며 기세가 툭 트여서 마치 단정한 선비를 보는 것 같다.

---

135 안사(安史)의 난 : 중국 당나라 현종 말엽인 755년에 안녹산과 사사명이 일으킨 반란. 현종은 촉나라에 망명하여 퇴위하고, 반란군도 내부 분열로 763년에 평정되었으나 당의 중앙 집권제가 흔들리는 전환점이 되었다.

136 이희열(李希烈)의 난 : 당 덕종(唐德宗) 때 사람. 회서 절도사(淮西節度使)가 되었다가 후에 이납(李納)이 반란을 일으키자 토벌하러 갔음. 그러나 이납과 내통하여 반역을 도모하고 후에 스스로 제위(帝位)에 올라 국호(國號)를 초(楚)라 하였는데, 그의 부하 장수 진선(陳仙)이 몰래 의원에게 약을 타게 하여 독살시켰음. 《구당서(舊唐書)》 권 145.

평론가들은 〈중흥송마애(中興頌磨崖)〉·〈원차산비(元次山碑)〉·〈송광평비(宋廣平碑)〉·〈안씨가묘비(顏氏家廟碑)〉 등과 같은 만년의 작품을 높이 친다. 〈제질문고(祭侄文稿)〉의 필적, 〈제백부고(祭伯父稿)〉·〈쟁좌위고(爭座位稿)〉·〈채명원(蔡明遠)〉·〈송유태충서(送劉太沖敍)〉 등의 첩(帖)에 나타난 그의 서체는 힘차면서도 급작스럽게 꺾이는 등 변화무쌍하며 전서체와 주문(籀文)을 겸비했다. 또한 스스로 독자적인 일파를 이루어 한 획도 2왕(二王)의 필체와 비슷한 것이 없었다.

소동파(蘇東坡)는 안진경의 서예와 두보(杜甫)의 시, 그리고 오도현(吳道玄)의 그림을 최고의 모범이 된다고 평했다. 안진경의 서예는 후대의 유공권(柳公權)·양응식(楊凝式)·소식(蘇軾)·황정견(黃庭堅)·미불(米芾)·채경(蔡京)·조병문(趙秉文)·동기창(董其昌)·왕탁(王鐸)·유용(劉墉)·전풍(錢灃)·하소기(何紹基) 등에게 매우 큰 영향을 미쳤다. 안진경의 가문에서 만들어놓은 안씨자양(顏氏字樣)은 당대(唐代)부터 청대(清代)에 이르기까지 1,000여 년 동안 과거시험장에서 정체(正體)의 글씨로 쓰였다. 명(明) 만력연간(1573~1620)에 이르러서는 간행된 서책의 글자체가 모두 안진경체로 되었는데, 이른바 '노송체자(老宋體字)'로서 수백 년 동안 성행해 지금까지도 끊이지 않고 있다.

한마디로 말해서 안진경 전에는 구체(歐體)가 성행했으니, 구체는 방필이고 안체(顏體)는 원필이다. 원필의 글씨이므로 같은 면적에 글씨를 써도 글씨가 크게 보이는 장점이 있어서 장엄하게 보인다. 당시 그 누구도 구체(歐體)를 뛰어넘지 못했는데, 안진경이 나와서 구체를 단숨에 뛰어넘었다.

5. 유공권(柳公權)

유공권(柳公權)의 서체

유공권(柳公權)의 자는 성현(誠懸)이니, 경조(京兆) 화원[華原 : 지금의 섬서성(陝西省)] 요현(耀縣) 사람이다. 관직은 태자소사(太子少師)에까지 이르렀으며, 해서에 특히 뛰어났다. 처음에는 왕희지(王羲之)의 서체를 배웠는데, 글자체가 힘이 있고 아름다워 서예 분야의 일가를 이루었다. 당시 벼슬아치의 비문에 유공권의 글씨를 쓰지 않으면 불효라고 여겼을 정도이다. 외국인도 중국에 올 때 특별비용을 마련해서 유공권의 글씨를 구입할 정도로 그의 명성은 매우 높았다.

그는 주로 안진경(顔眞卿)을 본받았으며, 구양순(歐陽詢)과 설직(薛稷)에게서도 영향을 많이 받았다. 안진경의 글씨에 살이 많다면 유공권의 글씨에는 뼈가 많아서 함께 세간의 주목을 끌었다. 이들이 미친 영향은 매우 커 '안유(顔柳)'라고 병칭되었다. 유공권의 대표작으로는 〈현비탑비(玄秘塔碑)〉·〈신책군비(神策軍碑)〉가 있다. 필사본으로는 〈왕헌지송리첩발미(王獻之送梨帖跋尾)〉·〈임왕헌지낙신부(臨王獻之洛神賦)〉가 세상에 전한다. 그 이후로 해서에 능한 사람은 있었지만 독자적으로 파를 형성할 만한 인물은 없었기 때문에 해서는 안진경과 유공권에게서 끝났다고 말할 수 있다. 두 사람을 서로 비교할 경우 유공권은 안진경에 미치지는 못하나, 유공권에게 배워야 비교적 수월하게 서도(書道)를 익힐 수 있었다.

6. 조맹부(趙盟頫)

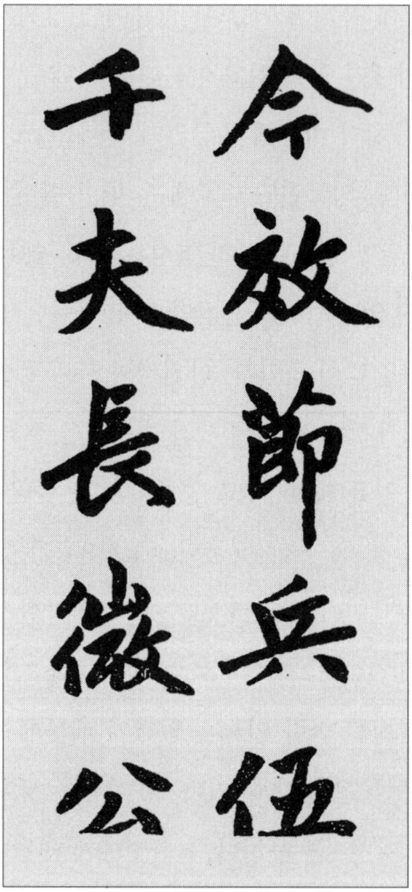

조맹부(趙盟頫)의 송설체

조맹부(趙盟頫)는 송(宋) 왕조의 종친으로 호는 자앙(子昂)이니, 송(宋)이 망한 뒤에 이민족이 지배하는 원(元, 1206~1368)의 조정에 출사(出仕)한 것 때문에 비난을 받기는 했지만 문인화 초기의 대가로 존경을 받았다. 문인화 파는 자연의 현실감 있는 묘사보다 개인적인 표현을 추구했던 화파(畵派)이다.

그의 그림들은 송나라와 그 화원(畵院)의 붕괴 후 옛 거장들의 주제와 양식에서 끌어낸 다양성과 관심으로 그려진 그림들 가운데 초기 작품의 예(例)에 속한다. 그는 일반적으로 당(唐, 618~907)나라의 대가 한간(韓幹)의 양식으로, 말을 그렸던 화가로 기억되는데, 그밖에 다른 동물들, 산수화 · 대나무 등도 그렸다. 그의 주제에는 의도적으로 단순화된 색채 및 구성, 도식적이며 유치하기까지 한 형태와 규모의 변형을 통해 피상적인 미를 전반적으로 제거시킨 것이 드러나 있다. 또한 고풍적인 것과 다양한 운필의 전개를 보여준다. 그의 아내인 관도승(管道昇)과 아들 조옹(趙雍, 1289~?) 역시 유명한 화가이나 일부 장르에 국한되었다.

조맹부(趙孟頫)의 척독흥중봉명본(尺牘興中峯明本)

7. 김생(金生)

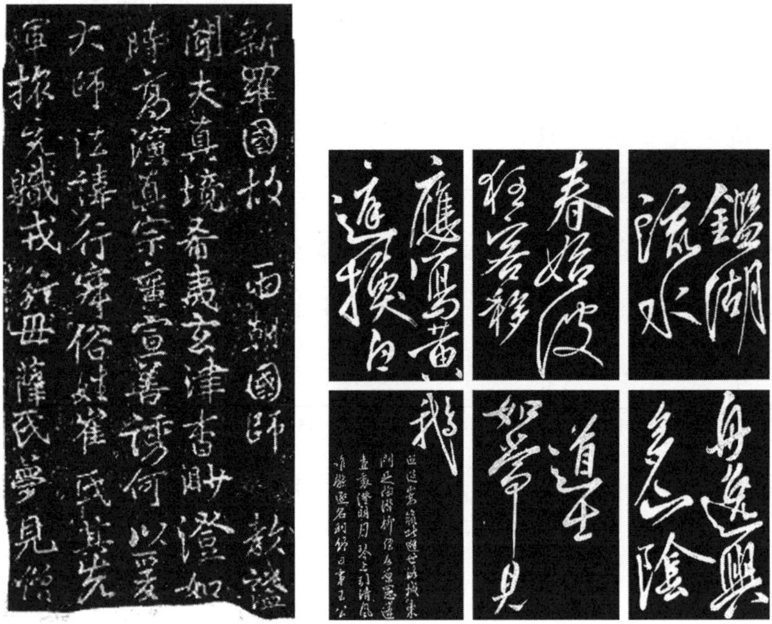

신라 김생(金生)의 서체

우리들은 서성(書聖)이라 칭하는 신라시대의 김생(金生)에 대해 아는 바가 별로 없다. '신라 성덕왕 10년(711)에 한미한 집안에서 태어나 80살이 넘었는데도 글씨 쓰기를 쉬지 않아 각체가 모두 신묘한 경지에 들었다.' 는 것이 '삼국사기' 의 기록이다. 과도하리만치 중국 글씨에 집착하고 있는 오늘날 김생의 존재는 우리 기억 속에 전설 속 인물 정도로 인식되고 있는 듯하다.

우리 역사에서 김생(711~790?)은 왕희지에 비견되는 '해동서성

(海東書聖)' 이다. 그 명성만큼 그 필적에 대한 상찬(賞讚)도 자자하다. 송 휘종 연간(1102~1106)의 일이다. 고려학사 홍관이 진봉사(進奉使)를 수행하여 변경(汴京, 하남성)에 머물 때, 휘종황제의 조칙을 가지고 온 송의 한림대조 양구와 이혁이 김생의 행초 두루마리를 보고 놀라 "뜻밖에 오늘 왕희지의 친필을 보는구나!" 하였다. 이에 홍관이 "아니다, 이는 신라 사람 김생의 글씨다."라고 했다.

그러나 두 사람은 우기면서 "천하의 왕희지를 제외하고 어찌 이와 같은 신묘한 글씨가 있을 수 있겠는가!" 하면서 끝내 믿지 않았다고 '삼국사기' 열전에서 전하고 있다.

고려 명신 이인로(1152~1220)는 김생에 대해 '용필이 신과 같아 초서도 아닌 듯 행서도 아닌 듯하니, 이는 멀리 57종의 제가체세(諸家體勢)로부터 나왔다.' 고 하였고, 이규보(1168~1241)는 왕희지와 짝하여 '신품제일(神品第一)' 로 극찬하였다.

또 조선에서도 서거정 · 이황 · 허목 · 홍양호 등 문인들의 평이 줄을 이었다. 그중 이광사(1705~1777)는 '탑본 역시 기위(奇偉)하고 법이 있다.' 고 하였고, 성대중(1732~1812)은 백월비 글씨에 대해 '그 획이 마치 삼만 근의 활을 당겨서 한발에 가히 수많은 군사를 쓰러뜨릴 것 같다.' 고 하면서 손자(孫子)의 '그 형세가 험하고 그 마디가 짧다(其勢險 其節短).' 는 말에 비유하고 있다. 요컨대 김생은 한국서예의 조종(祖宗)으로 왕희지에 비견되는 입신(入神)의 경지에 든 서가라는 것이다.

노비를 생산한 전쟁

옛적에는 국가나 일반 사가(私家)나 모두 노비를 두고 노역을 시키고 일을 주관하게 하였으니, 이들이 없으면 국가도 지탱이 되지 않았고, 사가도 또한 지탱할 수가 없었다. 그러므로 이렇게 일할 사람이 부족하면 전쟁을 벌여 상대국의 인민을 노략하여 와서 이들을 노비로 삼고 일을 시켰으니, '광개토대왕릉비' 에 보면,

"대왕 8년 무술년에 편사(偏師)를 파견하여 백신토곡을 살피게 하고 막신라성과 가태라성에서 남녀 300여 명을 약탈했다."

고 하였고, 그리고

"광개토대왕이 붕어하자, 능묘(陵墓)를 쓰고 묘지를 지키는 사람으로 국연(國烟)이 30집이고 간연(看烟)이 300집인데, 이들을 전매(轉賣)하지 못하도록 하였다."

고 한 것을 보면 이들도 모두 노비였음을 짐작하게 한다.

이러한 노비정책은 고구려뿐이 아니고 그 어떤 나라이든 간에 전쟁을 하여 승리하면, 패망한 나라의 인민을 포로로 잡아와서 이들을 노비로 삼았다고 보면 된다. 그러므로 조선조의 임진왜란과 병자호란에 우리나라 백성들이 포로로 일본과 청나라로 잡혀간 사건을 아래에 기록하려고 한다.

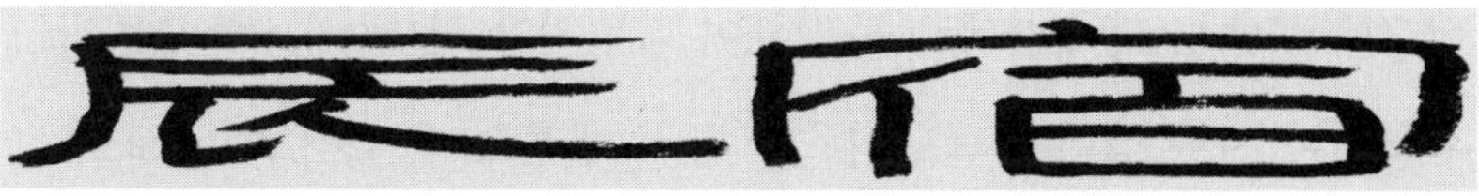

1. 임진왜란의 참상

임진왜란 때 포로의 총체적인 기록은 찾을 수가 없다. 그냥《징비록》·《간양록》·《광해조일기(光海朝日記)》·《선조실록》 등에서 단편적인 기록은 나오나 종합적인 기록은 찾을 수 없어서 전체적인 것은 볼 수가 없으니, 결국 단편적인 기록을 보고 그 전체를 추정할 수밖에 없다.

「베이비타임즈」의 기록에 의하면,

"임진왜란은 1592년 음력 4월 13일 왜군의 부산포 기습상륙으로부터 1598년 11월 왜군이 울산왜성과 순천왜성에서 철군할 때까지의 7년 전쟁을 말한다.

임진란의 역사적 의의는 다양한 해석이 가능하겠지만, 역사상 유례없는 노예전쟁이라는 데에 이의를 달 사람은 없을 것이다. 즉 임진왜란은 왜군의 영토 확장의 성격을 띠기보다는 인적, 물적 수탈에 더 많은 무게를 둔 전쟁이었다. 왜군의 군사편제와 정략을 살펴보면 이러한 사실은 더욱 분명해진다.

일본은 조선을 침략하기 전에 이미 군사편제를 전투부대와 특수부대로 이원화하여 효율적으로 전쟁을 수행했다. 3개의 편대로 나누어진 전투부대는 파죽지세로 북진하여 점령지를 확대했고, 특수부대는 후방에서 전투 병력과 별도의 임무를 수행했으니, 도서부·금속부·공예부·포로부·보물부·축부로 짜여진 특수부대는 조선의 인적,

물적 자원을 약탈하여 일본으로 수송하는 것이 주된 임무였다. 도서부는 조선의 서적을, 공예부는 자기류를 비롯한 각종 공예품을, 포로부는 조선의 학자, 관리 및 목공, 직공, 토공 등의 장인(匠人)과 노동력을 가진 젊은 남녀의 납치를, 금속부는 조선의 병기와 금속활자를, 보물부는 금은보화와 진기한 물품을, 축부는 조선의 가축을 포획하는 일을 수행했다."

고 하였다. 그리고 이이화의 《조선과 일본의 7년 정쟁》에 의하면,

"도요토미 히데요시는 정유년 재침략 이후 군사들의 전공을 포상해 용기를 북돋우는 전술로 조선군이나 명군의 코를 잘라오라고 지시했다. 일본군은 남원성을 점령한 뒤 3,726명의 코를 베어 보냈는데, 그 가운데에는 무고한 민간인의 코가 더 많았다. 코에 군인이라는 도장이 찍히지 않았으니 민간인의 코가 더 많

일본 교토에 있는 코무덤(귀무덤)의 오륜탑

았다. 민간인의 코도 똑같은 전리품이 되었던 것이다. 일본군은 전투를 벌이는 사이사이 마을로 들어가서 양민의 코를 베어 주머니에 담았다가 소금에 절여 보관했다. 전후에 일본은 교토의 대불사 옆에 코무덤을 만들어 전승을 기념했는데, 이를 이총(耳塚)이라고 한다."

고 하였고, 또

"조선은 전쟁을 겪으면서 농업 생산력이 현저히 떨어졌다. 전쟁 직전 170만 결(結)을 헤아리던 경지 면적이 종전 직후 30여만 결, 5년쯤 뒤에 조사한 것은 54만 결이었다. 3분의 2가 황무지로 변한 것이다. 이는 극심한 인구의 이동과 감소에 따른 것이다. 평안도 북쪽과 함경도, 강원도의 일부 지역을 제외하면 거의가 자기 고장을 떠나 피란을 다녔다. 이순신이 잠시 전라우수영 근방에 주둔했을 무렵에 피란 다니는 배 300여 척이 몰려있는 것을 발견하기도 했다."

고 하였고, 또한

"사람들이 서로 잡아먹어서 여자와 어린이들은 마음대로 바깥출입을 못할 형편이었다. 굶어죽은 시체가 쌓이면 사람들이 다투어 그 시체의 살을 떼어 먹었으며, 시체의 골까지 빠개 그 진물을 빨아 마신 뒤 바로 그 자리에 엎어져 죽었다. 아비가 자식을 팔고 남편이 아내를 팔아먹었다. 계사년(1593) 봄에, 사람들이 서로 잡아먹고 시체를 쪼개 먹었다."

고 하였으며, 또《지봉유설(芝峰類說)》에 따르면,

“1593년의 경우 무명 한 필이 쌀 두 되 값이었고, 말 한 필이 쌀 서너 되 값이었으며, 그 다음 해 여름에는 황소 한 마리를 쌀 서너 말에 바꾸었고, 가는 무명 한 필을 조 몇 되로 바꾸었다. 보물 따위는 아예 매매 대상도 되지 않았다.”

고 하였다. 강항(姜沆)이 지은 《간양록(看羊錄)》에 의하면,

“가련이는 둘째 형의 아들이다. 올해 여덟 살인데, 얼마나 목이 말랐던지 갯물을 들이켰다. 그 일로 병을 얻어서 토하고 설사하고 야단법석이었다. 그런데 왜군이 앓는 아이를 안아다가 물속에 던졌다. 이에 ‘아버지! 아버지! 아버지!’ 부르다 부르다가 그 소리마저 물속으로 사라졌다. 네 죽음을 멍하니 보고만 있는 아비가 아니냐! 어미가 아니냐! 며칠 뒤의 일이다. 처부(妻父)와 두 형이 작은 배 한 척을 몰래 빼돌려 도망을 하였다. 왜적들이 이 사실을 알고 쫓아가 좌도(佐渡)에게 알렸다. 바로 그날 저녁 때에 쫓아와서 우리들을 전부 큰 배에 옮겨 실었다. 거기서 다른 배에 옮겨 온 선비의 자녀들이 많았다. 아마 아홉 명 가량이 되었으리라. 귀여운 아가씨들이다. 서로 부둥켜안고 한바탕 울부짖었다.

처제 우영이는 열세 살의 우리 집의 어여쁜 계집애다. 생사를 모르던 아이였으니, 이날 우리 배로 옮겨 탔다. ‘할아버지도 돌아가셨어요.’ 하고는, 나를 보더니 대뜸 흐느껴 울었다. 따라온 더부살이들도 하나도 남지 않았다고 했다.”

고 하였다.

2. 병자호란과 포로들

필자가 번역한《유촌 한형길 선생 문집》에 보면,

“1636년 12월 6일에 청군이 압록강을 건너 조선을 침략하였으니, 청군(淸軍)은 파죽지세로 남하하여 15일 만에 서울에 이르렀고, 인조는 남한산성으로 몽진하고 세자 세자빈과 봉림대군 부부는 모두 강화도로 피란하였다. 사실 인조도 강화도로 몽진할 예정이었지만, 일정이 너무 촉박하여 한양의 궁궐에서 가까운 곳에 있는 남한산성에 몽진하였다.”

고 한다. 인조는 남한산성에서 40여 일을 항전했지만, 조선 8도의 관찰사와 병마사들은 한 사람도 국왕을 구하기 위해 남한산성에 온 자는 없었다. 그런데 문제는 세자가 피신한 강화도에서 터지고 말았으니, 강화도는 천혜의 요새였으나 감찰사가 지형만 믿고 임전 태세를 소홀히 하여 결국 변변히 싸워보지도 못하고 청의 수군에게 무너지고 말았다.

함락된 강화도는 그야말로 아비규환에 빠졌고, 조선의 여인들은 일찍이 경험하지 못했던 능욕을 겪었으니, 이는 청나라 군인들이 철저하게 섬을 유린함에서 연유한다. 조금이라도 반항하는 자는 그 자리에서 목을 치고 어린아이는 닥치는 대로 절벽이나 우물에 던졌다. 여자들을 보면 강간하고 포로로 삼았는데, 평생을 통하여 지아비 한 사람만을 섬기며 정절을 목숨보다도 귀중하게 여기고 살던 여염집 여인들은 호로(胡虜)에게 능욕을 당하느니 차라리 죽음을 택했다. 소현

세자의 세자빈 강씨도 내시들이 급히 제지하지 않았으면 아마도 자기의 목을 찔렀을 것이다. 연려실 이긍익은 당시 강화도에서 벌어진 사대부 여인들의 참상을《연려실기술》에 자세히 실었다.

남한산성에서 40여 일간 항전하던 인조는 강화도가 함락되었다는 소식에 항복하지 않을 수 없었으니, 본래 남한산성은 계획된 피란처가 아니었다. 식량은 부족했고 이에 더하여 팔도의 병사(兵使)는 오지 않고 의병과 명나라 원병은 더욱 기대할 수 없었다. 당시 정황은 주화파와 척화파로 나뉘어 대립하던 시기였는데, 이런 상황에서 대신들도 파당을 가리지 않고 항복하기로 결론을 내렸다.

청(淸)은 조선이 신하의 예를 갖추고, 명(明)의 연호를 폐지하며, 왕자와 대신의 자녀를 인질로 보내고, 황금 100냥과 백은 1000냥을 비롯한 20여 종의 공물을 바칠 것 등을 요구했다. 항복하는 조선은 이런 요구를 수락할 수밖에 없었다.

그리고 청 태종은 항복문서 하나로 만족하지 않았다. 인조에게 신하의 예를 갖추라고 명령했다. 1637년 1월 30일, 인조는 왕족과 대신 500여 명을 이끌고 한강 동편의 삼전도(현재 서울시 송파구 삼전동)에 머물고 있는 청 태종을 찾아갔다. 그 자리에서 인조는 세 번 절하고, 아홉 번 이마를 땅에 찧어 절하는 "삼배 구고두(三拜 九叩頭)"의 예를 올려야 했다.

청 태종은 머리를 조아릴 때 땅에 찧는 소리가 들려야 한다고 말했다. 언 땅에 이마를 박은 인조의 이마에서 흐르는 피가 가슴까지 적셨으며, 이를 본 백성과 대신들은 눈물을 흘릴 수밖에 없었다. 청 태종은 이렇게 자신들을 오랑캐라고 무시하던 조선의 자존심을 깡그리 뭉갠 후 철군하기 시작했다. 이로써 조선은 명나라와의 관계를 완전히 끊고 청나라에 복속됐다.

음력 1636년 12월에 조선을 침략해 1637년 2월에 돌아가기까지, 청군은 온갖 만행을 저질렀다. 저항하지 않는 인민을 마구 살해하고, 집을 불태우며 노략질을 일삼았다. 병자년 겨울은 유독 추위가 심하여 약탈당한 사람들은 얼어 죽을 수밖에 없었다. 이와 같은 만행은 황제의 지시에 의한 것이었다. 명나라 공략을 앞에 두고 조선을 완벽하게 굴복시키는 것이 선결의 문제였고, 무엇보다 자신들을 업신여기는 조선에 본때를 보여줄 필요가 있었던 것이다. 그리고 청 태종은 승리한 뒤에 안전장치를 추가했으니, 전 군대에 명을 내려 '포로 50만 명 이상을 잡아들이라.' 고 하였다. 대규모 인질을 잡아두면 조선이 복수를 할 수 없어 명나라와의 전쟁을 안심하고 치룰 수 있기 때문이었다.

《유촌 한형길 선생 문집》에 보면,

"돌아가는 청의 병사 한 명이 포로 100명을 끌고 갔으며, 소와 염소 등 노략한 물건을 끌고 가는 줄이 끝이 보이지 않았다."

고 하였으니, 이 한마디 말이 당시 모든 상황을 말해준다. 당시 청 태종이 조서를 내린 것을 보면,

"우리 청나라가 이제 조선인 포로들을 끌고 가는데, 만약 포로가

압록강을 건너기 전에 도망가는데 성공하면 잡지 않을 것이나, 압록강을 건너 한 발자국이라도 만주 땅을 밟은 포로가 도망치면 조선은 이들을 즉시 만주 땅으로 돌려보내야 한다."

고 하였으니, 이로 인하여 청나라에서 포로가 도망하여 조선에 오면, 이 조서를 따라 조선의 정부에서는 그 도망한 포로를 찾아서 다시 청나라에 보내야 하였으니, 이런 비극이 따로 없었다.

그럼 얼마나 많은 사람이 포로가 되어서 청나라에 잡혀갔을까? 최명길의 《지천집》에 의하면,

"50만 명이 넘었다."

고 하였고, 《산성일기》에서는

"60만 명이라."

고 했다. 뒤에 정약용은 《비어고》에

"60만 명이 넘는다."

고 기록했다. 당시 조선의 인구가 1000만 명이었으니, 가족이나 친척 중 끌려가지 않은 이가 없을 정도였다. 실록에서는

"온 나라 백성 중 태반이 연루되었다."

라고 적었다. 포로 중에 여자는 20만 명 정도로 추정된다. 유사 이래 이렇게 많은 여인이 포로로 끌려간 적은 없었다. 소현세자와 세자빈, 그리고 봉림대군 부부, 그밖에 많은 대신, 각료도 인질로 끌려갔다. 척화파 강경론자로 불리는 이른바 '삼학사'인 홍익한, 윤집, 오달제는 청 태종의 회유를 거절하고 참살을 당하였다.

《유촌 한형길 선생 문집》에는,

"삼전도에서 청 태종에게 예를 올린 후 입궁할 때, 포로가 되어 감옥에 있는 백성들은 인조를 향해 임금이시여, 임금이시여, 우리를 구원하여 주십시오."

라며 절규했다고 하였다. 그러나 인조는,

"손을 내밀어 흔들어대는 포로들을 한 번도 돌아보지 않고 그냥 가버렸다."

고 증언하고 있다.

조선인 포로들의 종착지는 당시 청나라의 수도였던 심양(현재 중국 랴오닝성 선양)으로, 서울에서 1660리 떨어진 곳이었다. 이들은 추운 겨울에 끌려 다니면서 말채찍으로 얻어맞기 일쑤였다. 언 살에 채찍을 맞으니 살갗이 벗겨지고 피가 났다. 청 병사가 활쏘기를 연습할 때 과녁으로도 이용했다고도 한다. 포로의 숫자가 워낙 많아 하루 30리 정도밖에 행군할 수 없었다. 심양까지 가는 데 60일이 걸렸다 하고, 청나라 사료에 의하면,

"그들의 몸에는 이가 들끓었다."

고 하며, 청나라는 조선인 포로를 '피로인(被擄人)' 이라고 불렀다. 포로와는 다른 개념으로, 민간인 인질을 뜻한다.

포로가 되어 끌려가는 여인네들이 온갖 수모를 당했음은 물론이다. 특히 병영에서 시중을 들며 군인들의 성적 노리개로 전락했다. 이에 항거하면 죽임을 당했으니, 스스로 목숨을 끊기도 했다. '오랑캐'

에게 붙잡혔으니 수치심은 더욱 컸다. 후세에 정약용은,

"사대부의 아내나 첩, 처녀들은 차마 얼굴을 드러내지 못하고 사람을 보면 더러 옷으로 머리를 덮었다."

라고 《비어고》에 적었다. 자신의 잘못이 아니었음에도 포로가 된 것 자체가 창피하고 치욕스러웠던 것이다. 최명길은 인조에게 다음과 같이 보고했다.

"청병들이 돌아갈 때 자태가 아름다운 한 처녀가 있었으니, 온갖 방법으로 달래고 협박했지만 끝내 들어주지 않자 음식을 주지 않았는데, 사하보에 이르러 굶어 죽었다. 이에 청나라 사람들도 감탄하여 묻어주고 떠났다고 합니다."

고 하였다.

△포로들의 기구한 삶

심양은 1625년 누르하치가 후금의 수도로 삼은 곳이니, 청(淸)으로 이름을 고친 후금(後金)은 1644년에 명나라를 멸망시킨 후 북경으로 수도를 옮기었고, 심양은 제2의 수도로 삼았다.

천신만고 끝에 심양에 도착한 포로 중에 무기를 다룰 줄 아는 남자들은 명나라와의 전쟁에 대비하기 위해 징발되었고, 철(鐵)을 다룰 줄 아는 기술자들은 상대적으로 대접을 받았으며, 재색이 뛰어난 여인들은 궁중에 들어갔을 것으로 사료된다. 그 밖의 남자들은 농장으로 이송되어 머슴이 되었고, 여자는 첩 또는 창부로 노예시장에서 대부분

팔려 나갔다. 특히 첩의 문제는 청나라 조정에서도 논란이 많았으니, 만주족 본처들이 조선인 첩을 질투하여 펄펄 끓는 뜨거운 물을 부으면서 폭행하는 일이 많아졌다. 이에 조정에서는

"그런 짓을 하는 부인은 남편이 죽을 때 순장시키겠다."

고 청 태종이 엄포를 놓을 정도였고, 예조좌랑 허박은

"포로들이 겪는 고통은 죽음보다 더 심하다."

라고 말했다. 심양이 큰 도시이기는 하였지만, 한꺼번에 몇십만 명을 수용하는 것은 불가능했다. 그래서 청 태종은 항복의 '선물'로 강화도에서 잡힌 1600명을 즉시 조선에 송환하고, 바로 속환 절차를 밟으라고 통보했다. 조선의 조정에서도 그들을 고국으로 데려오는 것이 급선무였다. 그러나 국가가 나서기도 전에 사대부들은 개인적으로 자신의 가족을 찾아 나섰다.

속환의 조서가 발표되자, 심양의 거리 곳곳에 피로인 매매시장이 열렸다.

"피로인의 매매를 허락하는 조서가 내리니, 청나라 사람들이 남녀 포로들을 성문 밖에 모아놓았다. 그 수가 수만이나 되었는데, 혹은 모자가 상봉하고, 혹은 형제가 서로 만나 부여잡고 울부짖으니 곡소리가 천지를 진동했다."

라고 《심양일기》는 기록하고 있다. 그러나 그들 중에 가족의 품으로 돌아가는 수는 아주 적었다. 처음에는 값이 그리 높지 않아서 남자는 한 사람당 닷 냥, 여자는 석 냥 정도이고 양반 몸값 역시 아무리 높다 해도 열 냥을 넘지 않았다. 이 가격은 정묘호란을 기준으로 하여 매긴

가격이었다.

그런데 돈 많은 조선 사대부들이 자신의 가족을 하루라도 빨리 데려오려고 높은 값을 치렀고, 이에 따라 매매가가 높아졌다. 좌승지를 지낸 영중추부사 이성구는 아들을 구하기 위해 1500냥, 영의정 김류는 딸을 구하는데 1000냥을, 병조의 사령 신성회는 첩을 위해 600냥을 냈다.

높은 속환가에 낙담한 일반 백성인 피로인 가족들은 세자가 머무는 심양관에 몰려가 이 문제를 조정에서 직접 해결해달라고 강력하게 요구했고, 청나라도 조속히 속환 문제를 마무리 지으려 하였으니, 국가에서 공인되지 않은 속환은 허락하지 않겠다고 약속했다.

이에 조선은 '속환사'를 두어 속환 절차와 방법을 강구했다. 속환하는 방법은 가족이 속환사를 따라가 개인의 재산으로 속환해 오는 사속이 있고, 사속을 원하지만 속가가 부족해서 그 일부를 나라에서 보조받거나 대여받아 속환하는 반사반공의 속환이 있으며, 국고에서 속가를 전액 부담하는 공속이 있었다. 공속의 대상은 종실 및 그들의 호위 군사와 처자로, 소수에 불과했다.

다음은 속환가를 정해야 했다. 최명길은 속환 가격이 100냥을 넘지 못하게 규제할 것을 인조에게 건의하여 재가를 받았다. 당시 쌀 한 가마니가 닷 냥이고, 농촌의 하루 품삯이 한 냥이었다. 제법 많은 액수였음에도 불구하고 청나라는 이 속환가를 허락하지 않았다. 자신의 아들을 위해 1500냥을 지불한 이성구가 첫 번째 속환사로 임명되었으니, 협상이 부진한 것은 당연하였다. 양측의 이견은 좀처럼 좁혀지지 않았으므로, 결국 공식적인 속환가를 정하지 못하고 시장의 논리에 따라 가격을 매겼다. 성인 남녀는 150냥에서 200냥이 제일 많았고, 어린아이는 100냥 미만, 양반의 속환가는 500~600냥 정도에 형성되었다.

공속이든 사속이든 속환 순서는 남자가 먼저였다. 가문을 유지하기 위해서 아무리 높은 몸값이라도 지불해야 했으니, 장남들이 제일 먼저 고향으로 돌아왔다. 딸이나 부인은 나중에 돈이 마련되는 대로 데려와야 했다. 공속에 해당하는 여인은 아주 적었고 대부분 반사반공의 속환에 의존하였으니, 국고가 바닥난 조정에서 완벽하게 지원해줄 수는 없었기 때문이다. 몸값이 없어 고향으로 돌아갈 수 없게 된 여인들이 낙담하여 자결하는 사건도 더러 발생했다.

1645년 3월, 소현세자와 봉림대군이 볼모로 잡혀 있은 지 9년 만에 귀국하면서 청나라와 조선의 관계는 평화가 유지되기 시작했다. 비록 공식적인 창구를 통해 충분히 해결하지는 못했지만, 속환도 지속적으로 이루어져 어느 정도 진정될 수 있었다. 그러나 그것은 남성 피로인에게 해당하는 이야기였다. 기록마다 다르기는 하지만 10년을 통하여 조선에 환속한 여인은 2만 5000명에서 5만 명으로 추정된다. 포로 20만 명에 이르는 여성 중 3분의 2 이상이 고국에 돌아오지 못했다는 말이 된다.

△환향녀가 개천에서 몸을 씻은 이유

홍제천은 북한산에서 발원하여 지금의 홍제동, 연희동, 남가좌동, 성산동을 거쳐 한강으로 흘러들어가는 하천이다. 환속한 여인들은 집으로 돌아가기 전에 이곳에서 몸을 씻어야 했다. 조정에서는 서울뿐만 아니라 각 지방의 강과 하천에서 환속한 여인들의 몸을 씻게 했다. 유독 여자들에게만 몸을 씻으라는 이유는 무엇이었을까?

전쟁이 끝난 후 가장 큰 규모로 이루어진 속환은 1638년 2월 말에 있었다. 최명길은 세자의 귀환과 징병 문제, 그리고 피로인 속환문제를 협상하기 위해 1637년 9월 심양으로 떠났다. 그의 수중에는 국고 2500냥이라는 거금이 있었다. 심양에서 청 태종은 성문 밖까지 나와 최명길 일행을 맞이했다. 최명길은 황제에게 위의 세 가지 문제를 간청했다. 청 태종은 세자의 귀국은 불허했지만 아량을 과시하려고 나머지 두 가지는 흔쾌히 받아들였다.

심양에서 새해를 맞은 최명길은 세자와 대군에게 하직인사를 올리고 고국으로 향했다. 이때 거의 3만 명에 육박하는 피로인이 최명길과 동행했다. 이 어마어마한 행렬은 조선 강토를 들뜨게 했다. 영영 볼 수 없을 것 같았던 가족 친지들이 대거 돌아오면서 다시 만남의 기쁨을 누렸고, 아직 만나지 못한 이들에게도 헤어진 가족을 언젠가 만날 수 있다는 희망을 안겨주었다. 그러나 피로인 중 여성들을 향한 환호는 거의 들리지 않았다.

며느리, 아내, 누이를 맞이하는 조선 남자들의 심정은 매우 복잡했다.

“충신은 두 임금을 섬기지 않고 열녀는 두 남편을 섬기지 않는다.”
고 하는 법이 있는데, 그녀들은 정절을 지키기 위해 자결하지 않았다. 이런 불편한 감정을 처음으로 드러낸 이는 장유였으니, 최명길의 대규모 속환 행렬 속에는 강화도에서 피랍된 그의 며느리가 있었다. 며느리는 시댁에 들어가지 못하고 친정에 머물고 있었다. 장유는 1638년 3월 11일 인조에게 진정서를 올렸다.

“외아들 장선징이 강화도의 참변에 그의 처가 잡혀갔다가 속환되어 지금 친정집에 있습니다. 정절을 잃은 환향녀를 그대로 배필로 삼아 함께 선조의 제사를 받들 수 없습니다. 아들이 이혼하고 새로 장가들도록 허락해주십시오.”
하였으니, 조선시대 사대부가의 이혼은 임금의 허락을 받아야 했다.

장유는 조선조 17대 임금 효종의 비인 인선왕후의 아버지이고, 인조반정의 공신으로 사대부를 대표하는 명문가 집안의 수장이었다. 이 진정서에 차마 ‘며느리의 몸이 더러워졌다’는 표현은 쓰지 않았지만, 다른 사대부들의 공감을 얻기에 충분했다. 사실 장유는 최명길과 함께 대표적인 주화파였고, 평소 주자학의 편협한 학문 풍토를 비판한 유연한 사고의 소유자였다. 그러나 여인의 정절에 관해서는 한 치도 물러섬이 없었다. 그러나 장유의 진정서와는 반대 내용의 진정서가 비슷한 시기에 접수되었다. 승지 한이겸이었다.

“제 딸이 청군에 사로잡혔다가 속환됐는데, 사위가 다시 장가를 들려고 합니다. 원통해 못 살겠습니다.”

라고 하였다. 조정에서는 환속한 여인, 환향녀의 문제가 화두로 떠올랐다. 사실 환향녀의 문제가 이때 처음 일어난 것은 아니었다. 임진왜란이 있은 뒤에도 비슷한 상소가 올라온 적이 있었는데, 선조는

"이것은 음탕한 행동으로 절개를 잃은 것과 견줄 수 없다. 아내를 버려서는 안 된다."

라는 어명을 내렸다. 이러한 선례가 있었음에도 인조는 결정을 주저했으니, 인조는 신하들의 도움으로 옥좌에 앉은 왕이니, 역대 어느 왕보다 권좌가 취약했고, 더구나 장유는 자신을 임금으로 내세운 공신이었다. 그리고 장유의 주장이 조선 사대부를 대변한다는 사실 또한 잘 알고 있었다. 그러나 최명길은 선왕의 교지를 내세워 '이혼 불가'를 강력하게 주장했다.

"전하, 비록 환향녀들이 절개를 잃고 몸을 망쳤다고는 하오나, 이는 극심했던 전란과 적지에 인질이 되었던 부득이한 데서 비롯된 것이라 사료됩니다. 나라가 힘이 있었던들 어찌 이 같은 일이 있었겠습니까!…… 만약 이혼해도 된다는 명이 있게 되면, 곧 허다한 부녀자들을 영원히 이역의 귀신이 되게 하는 것입니다."

고 하였다. 그러나 최명길의 입장은 소수였다. 《인조실록》에서 사관은 최명길의 주장에 대해 다음과 같이 논평했고, 이 논평은 당시 사대부 대부분의 생각을 그대로 반영한 것이었다.

사관은 논한다.

"충신은 두 임금을 섬기지 않고 열녀는 두 남편을 섬기지 않으니, 이는 절의가 국기에 관계되고 우주의 동량이 되기 때문이다. 사로잡

혀 갔던 부녀들은, 비록 그녀들의 본심은 아니었다고 하더라도 변을 만나 죽지 않았으니, 절의를 잃지 않았다고 할 수 있겠는가? 이미 절개를 잃었으면 남편의 집과는 의리가 이미 끊어진 것이니, 억지로 다시 합하게 해서 사대부의 가풍을 더럽힐 수는 절대로 없는 것이다. 최명길은 비뚤어진 견해를 가지고 망령되게 선조 때의 일을 인용하여 계주(啓奏)하는 말에 끊어버리기 어렵다는 의견을 갖추어 진달하였으니, 잘못됨이 심하다. 당시의 전교가 사책에 기록되어 있지 않아 이미 증거할 만한 것이 없다. 설령 이런 전교가 있었다고 하더라도 또한 본받을 만한 규례는 아니니, 선조 때 행한 것이라고 핑계하여 오늘에 다시 행할 수 있겠는가. 선정이 말하기를 '절의를 잃은 사람과 짝이 되면, 이는 자신도 절의를 잃는 것이다.'"

고 하였다. 조정에서 이 문제로 거듭 논의하는 동안 환향녀들의 불안은 깊어갔다. 이에 버림받은 여인들이 스스로 목숨을 끊기 시작했다는 소식이 궁궐에 전해졌다. 인조도 더 이상 미룰 수 없었다. 최명길의 논리는 반박할 수 없을 정도로 완벽했으니, 결국 인조는 장유의 이혼을 허락하지 않았다. 그러나 사대부는 자신들의 생각을 꺾지 않았다.

두 달 뒤에 다시 이혼에 대한 주장이 제기됐다. 특진관 조문수는

"부부는 인간의 대륜입니다. 포로로 잡힌 여자들은 남편의 집안과 대의가 이미 끊어졌습니다. 어찌 다시 억지로 합해 사대부의 기풍을 더럽힐 수 있겠습니까. 우리 동방은 예의의 나라인데……."

라고 상소를 올렸다. 인조는

"포로로 잡혀갔던 여자들은 이미 본심에서가 아니었고, 죽을 수도 없다. 더는 재론하지 말라."

하고 매듭지었다. 임금의 두 번에 걸친 확인에도 불구하고 사대부들은 환향한 부인을 홀대하고 호된 시집살이를 시키었다. 이러는 가운데 조정에서는 전쟁 중에 자결한 여인의 집안에 열녀문을 내렸다. 이는 다른 사대부들의 마음에 불을 지르는 계기가 되었다. 비록 임금의 엄명 때문에 이혼하지는 못했지만 환향한 부인과 며느리를 대하는 태도는 더욱 싸늘해졌다.

이를 지켜보던 최명길은 인조에게 궁여지책을 진언했다. 날을 정해, 환향녀들이 각 고을마다 지정된 강에서 몸을 깨끗이 씻으면, 심신을 모두 정화한 것으로 보고 각 집안에서 따뜻하게 맞이하도록 전교를 내리자는 것이었다. 나라가 정절을 회복시켜주자는 '면죄부' 였다. 인조는 이 의견을 즉각 수용해 다음과 같은 교지를 내렸다.

"도성과 경기도 일원은 한강, 강원도는 소양강, 충청도는 금강, 황해도는 예성강, 평안도는 대동강을 각각 회절(回節)하는 강으로 삼을 것이다. 환향녀들은 회절하는 정성으로 몸과 마음을 깨끗이 씻고 집으로 돌아가도록 하라. 만일 회절한 환향녀를 받아들이지 않는 사례가 있다면 국법으로 다스릴 것이다."

환향녀가 많아지자 조정에서는 청천강, 낙동강, 섬진강을 추가로 지정했다. 국법으로 다스리겠다는 전에 없이 추상같은 어명이었다.

한양과 경기도가 고향인 환향녀들은 한강의 지류인 홍제천에서 몸을 씻었다. 홍제천은 모래가 많아 '모래내'라고 불렸으며, 물이 맑기로 유명했다. 병자호란 당시 희생이 가장 컸던 곳이 한양과 경기도였던 만큼 홍제천은 발 디딜 틈 없이 몸을 씻는 여인들로 북적였다. 절개를 지키기 못한 '자신의 과오'를 속죄하며 그 어느 때보다도 구석구석 몸을 깨끗이 씻었다. 그녀들은 자신을 구제해준 임금님의 넓은 은혜를 기리기 위해 이곳을 '홍은(鴻恩)'이라 했으니, 오늘날 홍은동의 유래다. 장유의 며느리도 홍제천에서 몸을 씻고 부푼 마음으로 비로소 시댁에 들어갔다. 그러나 그것이 끝이 아니었다.

△죽어서도 버려진 여인들

국법까지 언급한 임금의 엄명에 사대부는 울며 겨자 먹기 식으로 환향녀들을 받아들일 수밖에 없었다. 그러나 그들의 마음은 이미 떠나 있었다. 돌아온 여인들을 별당에 처박아놓고 모든 식솔의 출입을 금지했다. 그리고 이혼을 허락해달라는 상소문을 집요하게 올려 임금과 최명길을 압박했다.

"저 환향녀들이 의지할 곳을 잃는 것은 참으로 불쌍하지만, 남편의 후사(後嗣)가 끊기는 것은 생각해야 하지 않겠습니까? 더구나 부인은 이미 버림을 받았는데, 남편도 또 재취하지 못한다면 피차가 모두 홀로된 것을 원망하는 신세가 될 것이니, 양쪽 다 막는 것보다는 한쪽이라도 허락하는 것이 낫지 않겠습니까? 또 역적의 딸도 이혼하게 하는 예가 있는데, 지금 이 오욕을 입은 부인은 역적 집안의 자손보다 더 심하지 않습니까? 신의 어리석은 생각으로는 정리가 몹시 절박한 자는 사유를 갖추어 상언하여 교지를 내려 이혼하게 하면 중도를 얻을 수 있을 듯합니다."

영중추부사 이성구의 이 같은 상소에도 인조는 뜻을 굽히지 않았다. 반전은 회절강 어명이 있은 지 2년 뒤에 일어났다. 1640년 9월에 장유의 아내, 즉 시어머니가 다시 진정서를 올렸다.

"남편 장유가 살아 있을 적에 아들 선징의 아내가 청나라에 잡혀간 것을 속환금을 내고 찾아왔잖습니까? 그런데 청에 잡혀가 오욕을 당한 며느리와 아들이 그대로 다시 부부가 되어 조상의 제사를 받들 수는 없는 것이지요. 2년 전에 남편이 죽기 전에 이런 이유로 이혼시켜주기를 간청한 것입니다. 제가 지금 재차 단자를 올리는 까닭은 며느리가 타고난 성질이 못돼서 시부모에게 순종하지 않고, 또 청나라에 끌려갔다 온 뒤로는 더욱 편치 않게 행동해서입니다. 이는 칠거지악에 해당되니, 이혼시켜주시기를 거듭 청합니다."

즉, 이번에는 환속한 며느리가 칠거지악(七去之惡)[137]에 해당하는 짓을 저질렀으니, 이혼을 허락해달라는 것이었다. 이는 누가 봐도 핑계에 불과했다. 그러나 대신들은 시어머니의 본심을 들추어내지 않고 칠거지악만을 강조했다. 이에 인조는 고육지책을 내놓았다.

---

137 칠거지악(七去之惡) : 예전에, 아내를 내쫓을 수 있는 이유가 되었던 일곱 가지 허물. 시부모에게 불손함, 자식이 없음, 행실이 음탕함, 투기함, 몹쓸 병을 지님, 말이 지나치게 많음, 도둑질을 함 따위이다.

"이혼을 인정할 수는 없지만, 장선징이 훈신의 독자임을 고려하여 특별히 그에게만 허락한다."

라는 교지를 내리고, 비슷한 상소가 계속 올라오는 것을 경계하여,

"관례로는 삼지 말라."

라고 당부했다. 하지만 그 파장은 컸다. 대부분의 사대부 집안은 칠거지악을 이유로 환속한 며느리를 내치고 새로운 며느리를 맞아들였다. 인조에 이어 즉위한 효종은 결국 이혼을 금지한 선대의 지시를 폐기해야 했다. 효종이 대군시절에 인질로 끌려갔던 터라 누구보다 환향녀의 심정을 잘 아는 그였지만, 빗발치는 신하들의 상소문을 더는 외면할 수 없었다.

환향녀에 대한 사대부들의 태도는 평민들에게도 큰 영향을 주었다. 그들은 임금의 지시 없이도 이혼할 수 있었으므로 환속한 아내와 며느리를 헌신짝처럼 버렸다. 그리고 그녀들에게 '환향녀' 라는 사회적 낙인을 찍었다. 이는 본디 '고향에 돌아온 여자' 라는 의미였으나, 오랑캐와 잠자리를 한 더러운 여자라는 악의적인 뜻으로 인구에 회자되었다. 정절을 잃지 않은 여자들도 환향녀의 굴레는 벗어날 수 없었다. 손가락질은 집안에서 시작돼 동네 전체로 번졌다. 환향녀의 이빨에 빨간 칠, 까만 칠을 해서 사람들과 마주할 수 없도록 한 마을도 있다고 하였다.

버림받은 환향녀들은 어디로 갔을까? '출가외인' 이라 친정에 갈 수도 없는 노릇이었다. 조선에서 정절을 잃은 여자들을 받아줄 곳은 없었다.

첫 번째 선택은 목숨을 끊는 것이었다. 우물에 몸을 던지고, 시댁과 친정이 보이는 동구 밖 언덕 큰 나무에 목을 맨 환향녀들이 즐비했다. 이혼당하지 않고 별당에서 홀로 쓸쓸히 지내던 여인들은 방 천장에 명주실을 내리거나 은장도로 손목을 긋고 가슴을 찔렀다. 아예 집안에 들어갈 수조차 없는 여인들은 회절강 깊은 곳에 몸을 던졌다. 오랑캐에게 끌려갈 때 자결하지 못한 자신을 원망했고, 조선의 남정네들을 원망하면서 눈을 뜬 채 이승을 떠났다. 그녀들의 '한'은 전설을 낳았다. 원귀가 되어 시댁 식구들을 몰살했다는 내용이 대부분이다. 환속한 지 1년 만에, 죽은 여성은 1만 명이 넘었다고 한다. 공식적인 집계는 아니지만 자결한 환향녀의 기구한 사연이 없는 고을이 없었다.

차마 죽을 용기가 없는 환향녀들은 어디론가 떠났다. 다른 남자와 깊은 밤에 도주하거나, 유객에 머물며 환향녀라는 신분을 숨기고 술과 몸을 팔았다. 홍제천이 가까운 탓인지도 모르지만 서대문 밖에는 집에서 떠나거나 쫓겨난 환향녀들이 집단적으로 살았다고 한다. 심지어 다시 청나라 심양으로 돌아가는 여인들도 많았다. 기억조차 하기 싫은 곳이지만 동병상련을 겪는 사람들이 있고 생지옥 조선보다는 살기 편했다. 스스로 돌아간 것이므로 발뒤꿈치가 잘리는 형벌도 면할 수 있었다. 그렇게 그녀들은 조선을 떠났다.

그러나 떠난 뒤에도 환향녀의 낙인은 지워지지 않았다. 동구 밖에서 죽은 여인들의 주검은 재빠르게 아무도 모르는 임야에 아무렇게나 매장되었다. 별당에서 자결한 여인을 오히려 '열녀'로 둔갑시키는 파렴치한 사대부들도 있었다. 매우 드물게 온전하게 지내는 환향녀들도 있었으나 그 또한 죽은 뒤에 집안에서 내쳐지기도 했다. 숙종 3년(1677년), 사헌부 소속 최선이 자기 어머니의 억울한 사정을 알리는 상소문을 올렸다. 최선의 어머니 권씨는 최계창의 후처로, 병자호란 때 환속한 여인이었다. 최씨 집안은 그녀를 전혀 홀대하지 않았다. 시아버지는 도리어 권씨를 가문의 종부로 맞이하여 제사를 받들게 했다. 전처의 아들인 최관에게도,

"네 어미로 섬기라."

라고 신신당부했다. 그런데 문제가 생겼다. 최계창이 죽고 이어 권씨가 사망하자, 작은 아버지가

"권씨의 신주를 우리 집안의 사당에 둘 수 없다."

라고 선언해버린 것이다. 죽어서도 버림받은 환향녀들은 조선시대 여성들의 비극적 운명의 종착역이었다.

조선시대 남성의 이율배반적인 민낯이 이렇게 적나라하게 드러난 적이 또 있을까? 그들은 자신들의 잘못으로 희생된 여성들을 보듬어 주지는 못할망정 오히려 내쳤다. 사대부들이 떠받드는 유교는 인간의 도리를 추구한다. 삼강오륜은 인간이 지켜야 할 도덕과 윤리를 강조했다. 그중에 하나인 '부부유별' 은 남편과 아내에게 각자의 본분이 따로 있으니, 이를 잘 헤아리라는 말이다. 그런데도 유교를 이유로 여성들을 거부했으니 이보다 더 극적인 자가당착도 없으리라. 환향녀를 더욱 비극적으로 연출한 것은 시어머니들이다. 여성차별의 이념과 제도가 고착하면서 시어머니의 존재 가치는 '아들의 어머니' 로 한정되었다. 여성으로서의 정체성이 거세된 그녀들은 곧 조선시대의 자화상

이었다.

※ 사가(史家)의 말씀

나라라는 뜻을 가진 국(國)자를 풀어보면, "위(□)와 과(戈)와 구(口)와 일(一)" 의 합자니, 하나의 영토(□) 안에서 권력자(戈)와 인민(口)을 일체(一)로 하여 살아가는 나라이다. 그러므로 이 나라 안에서 지도자와 국민이 혼연일체가 되어서 그 나라를 잘 지켜내야 한다. 자칫 잘못하게 되면 임진란과 병자호란과 같이 백성들이 어육(魚肉)의 신세로 전락하고 만다.

임진왜란 때에 강항이 쓴 "간양록(看羊錄)" 을 보면 상세하게 알 수가 있고, 병자호란의 일은 이미 위에서 모두 기록하여 놓았으니, 더 말할 필요를 느끼지 않는다. 비근한 예로 왜정 36년의 역사를 관찰해보면 아는 일이지만, 나라를 잃은 국민들은 승전국의 노예로 변하여 한순간에 나락으로 떨어지고 말았던 것이다.

요즘 '위안부' 문제로 일본과의 관계가 매우 좋지 않은 상황인데, 필자의 생각은 이를 계속 떠들어대면 그럴수록

"우리는 일제의 식민지에서 36년 동안 생활한 나라의 국민들이다."

라고 떠들어대는 것과 같다.

먼저 왜 식민지가 되었는가를 생각하고 다시는 그러한 식민지가 되어서는 안 된다는 굳건한 결의를 다짐하고, 위정자는 위정자대로, 관료는 관료대로, 국민은 국민대로 더욱 국가를 위해 충성하여 정말로 부국강병의 나라로 만들어서 타국이 넘보지 못하는 나라를 만드는 것이 우선이

다. 그러므로 위안부 문제는 웬만한 선에서 마침표를 찍는 것이 좋다는 생각이다.

우선 조선의 위정자가 나라를 부국강병으로 만들지 못했기 때문에 빚은 일인데, 언제나 남의 탓만 한다면 어찌 해결되겠는가! 그러므로 위정자는 현재 당면한 문제부터 정말 국가를 위해서 일하는 모습을 보여야 한다.

이제 해방이 되고 75년이 되었는데, 우리는 아직도 일본을 앞서지 못하고 있으면서 항상

"너희들 때문에 우리나라 처녀들이 정신대로 끌려가서 몹쓸 짓을 당했다."

고 떠들어대면 뾰족한 수가 생기는가? 이제는 부국강병을 위해서 혼신의 노력을 다해야 한다. 그래야 다시는 남의 나라의 노예가 되는 어리석음을 당하지 않는 것이다.

노비에서 관직에 올라 현달한 사람들

1. 토목건축의 달인 박자청

1357(공민왕 6)에 태어난 박자청은 황희석(黃希碩)의 가인(家人)이니, 내시(內侍)로 출사하였다. 여기서 가인(家人)이라는 것은 황희석의 호적에 붙여져 있다는 뜻이니, 노복과 같은 뜻을 지닌다. 내시로 출사하였다는 것 역시 하층민을 의미하니, 내시부에 속한 환관으로 궁궐 안에서 시중을 드는 사람을 말하는데, 이때에 토목의 달인인 내시 김사행을 만나면서 새로 개국한 조선의 토목공사를 맡아 경복궁을 짓는 등 그야말로 출세의 가도에 들어서게 된다.

조선이 건국되자 중랑장으로 승진한 박자청은 이듬해에 입직군사(入直軍士)가 되어 궁문(宮門)을 지키었는데, 당시 태조의 아우인 의안대군(義安大君)이 대궐에 들어가려 하자 왕명이 없다고 거절하였다.

화가 난 의안대군이 발길로 차며 상처를 입혔는데도 박자청은 끝내 거절하였다.

이튿날 대궐에 들어간 의안대군은 형님인 태조에게 어제 저녁에 대궐에 들어오려고 하였는데, 수문장인 박자청이 어명이 없다는 이유로 들여보내지 않아서 들어오지 못하였으니, 이자를 처벌하라고 요청하였다.

그러나 태조는 이 사실을 알고 박자청에게 은대(銀帶)를 하사하고 내상직(內上直)에 임명하고 어전 밖을 지키도록 하였으니, 그의 수문의 직무를 충실히 이행한 점을 높이 평가하고 상을 내리고 벼슬을 높이었던 것이다.

숭례문(崇禮門, 남대문, 국보 제1호)

불교국가인 고려는 말기에 이르러서 질서가 문란함을 보였으니, 이는 고려속요를 보면 그 대강을 알 수가 있으니, 다음은 고려속요 '쌍화점' 을 소개한다.

"만두집에 만두 사러 갔더니만 회회아비(몽고인)가 내 손목을 쥐었어요. 이 소문이 가게 밖에 나며 들며 하면 다로러거디러 조그마한 새끼 광대 네 말이라 하리라. 더러둥셩 다리러디러 다리러디러 다로러거디러 다로러그 잠자리에 나도 자러 가리라. 위 위 다로러 거디러 다로러그 잔 데 같이 답답한 곳 없다." - (1절)

위의 쌍화점은 고려의 문란한 사회상을 대변한다. 이에 고려를 몰아내고 조선을 건국한 조선은 이런 문란한 사회를 유교의 예법으로 단번에 일신하게 된다. 그리고 주역에서 파생한 오행의 원리를 인용하여 그 원리대로 왕궁을 짓고 궁궐 문 역시 오행의 원리에 따라 이름을 지었으니, 남대문은 숭례문(崇禮門)이라고 하니, 이곳의 예(禮)자가 남쪽을 가리키는 글자이고, 동대문은 홍인지문(興仁之門)이라고 하니, 이곳의 인(仁)자가 동쪽을 가리키는 글자이며, 서대문을 돈의문(敦義門)이라고 하니, 이곳의 의(義)자가 서쪽을 가리키는 글자이며, 북대문을 홍지문(弘智門)이라 하니, 이곳의 지(智)자가 북쪽을 가리키는 글자이다. 이러므로 인의예지(仁義禮智)를 넣어서 동서남북의 문을 만든 것이니, 이 인의예지는 유학의 대강령인 것이다.

△도성 건설의 실무자가 되다.

"장차 조선에서 최고의 토목건축가가 되겠다."

하위 무관에서 내관으로 승진한 박자청은 현실에 안주하지 않고 더욱 열심히 노력하였다. 그는 고려 말기부터 왕실의 토목공사를 도맡았던 내관 김사행을 만나면서 새로운 목표를 설정하고 매진하였다.

김사행은 공민왕의 현릉과 노국공주의 정릉을 감독했던 사람인데, 조선이 개국한 뒤에도 계속 토목분야를 전담하며 신임을 받았으니, 박자청은 그를 보좌하면서 왕릉 조성사업과 토목건축의 일을 배웠다. 영민했던 박자청은 단기간에 김사행이 가르쳐주는 토목 업무와 관련

경복궁 전경(사적 제117호)

한 지식을 익혔다.

1394년(태조 3) 10월 28일 태조는 개경에서 한성으로 도읍을 옮겼다. 그해 8월 신도궁궐조성도감(新都宮闕造成都監)이 설치되자 선공소감(繕工少監)으로 임명된 박자청은 자신의 역량을 힘껏 발휘하였으니, 궁궐의 공사는 12월부터 시작되었는데, 다음 해 9월이 되자 종묘를 비롯한 여러 궁궐들이 그 위용을 드러냈다.

"박자청은 피도 눈물도 없는 사람이야. 한시도 쉬는 것을 보지 못한다니까!"

노역에 동원된 백성들은 공사의 책임자인 그를 몹시 원망했다. 그러나 그는 이런 하찮은 일에 아랑곳하지 않고 정해진 기간 안에 공사를 완공함으로서 왕의 신임을 받을 수 있었다. 궁궐을 잘 지은 공로로 박자청은 1395년(태조 4) 원종공신의 녹권을 받았다.

"큰일을 해냈구나. 이제 궁궐의 이름을 지어야겠다."

궁궐 건축공사가 끝나자 태조는 박자청의 그간의 노고를 치하하고, 정도전에게 새로 건축한 궁궐과 여러 전각에 대한 명호(名號)를 맡겼다.

뒤를 이어 한양 도성의 축성공사가 시작되어 조정에서 백성 징발령이 떨어졌으니, 안주 이남의 백성 12만여 명이 징발되어 1496년(태조 5년) 정월부터 2월까지 일하였고, 또한 강원도·경상도·전라도 등 3도의 백성 8만여 명이 징발되어 8월부터 9월까지 일했다.

이곳에 쓰인 월일은 음력의 월일을 말하니, 양력보다 한 달 정도 뒤가 된다. 그러므로 양력으로 따지면 정월부터 2월까지는 2월부터 3월까지이고, 8월부터 9월까지는 9월부터 10월까지가 되니, 이 기간은 농사의 일로 바쁘지 않은 시기이다. 그러므로 국가에서 백성을 노역으로 징발할 때에는 반드시 농사철을 피해서 징발하였다.

완성된 도성의 둘레는 도합 9975보(步)였다. 도성에는 8개의 문을 내었으니, 정남에 있는 문을 숭례문(崇禮門)이라 하고, 정동에 있는 문을 흥인문(興仁門)이라 하며, 정서에 있는 문을 돈의문(敦義門)이라 하고, 동북간에 있는 문을 혜화문(惠化門)이라 하며, 서북간에 있는 문을 창의문(彰義門)이라 하고, 동남간에 있는 문을 광희문(光熙門)이라 하며, 서남간에 있는 문을 소의문(昭義門)이라 불렀다. 이 외에 시신을 도성 밖으로 내보내는 문을 수구문(水口門)이라 하였다.

△성균관에 문묘를 짓다

1401년(태종 1) 태종이 등극하자, 박자청은 제2의 전성시대를 맞았으니, 이 시기에 박자청은 감역관으로서 주요 공사를 모두 맡았다. 관직도 높아져서 1402년(태종 2)에는 정3품 공조와 예조의 전서(典書)를 지냈고, 1405년(태종 5)에는 제조(提調)로서 이궁인 창덕궁을 완공한 공으로 말을 하사받았다.

1406년(태종 6)에 중군 총제에 선공감사를 겸직하면서 조선의 모든 공사를 관장했다. 1407년(태종 7)부터 성균관 안에 공자의 사당인 문묘(文廟)건설이 시작되었으니, 개경에 있는 성균관이 한성으로 이

전하면서 기획된 일이다. 당시 박자청은 이른 새벽부터 일을 시작하여 늦은 저녁까지 인부들을 다그쳐서 불과 네 달 만에 문묘와 명륜당 등 부속건물을 완성했다.

대성전(大聖殿) 좌우에 동무(東廡)와 서무(西廡)라는 행랑을 두어 배향 대상자를 봉안하고, 제사를 올릴 때에 헌관과 집사들의 재계소인 동시에 향축을 봉안하는 향관청을 두었다.

성균관(成均館) 문묘 대성전(文廟 大聖殿)

성균관(成均館) 명륜당(明倫堂)

대성전에는 대성지성문선왕(大成至聖文宣王)인 공자를 위시하여 안자(顔子)·증자(曾子)·자사자(子思子)·맹자(孟子)의 신위를 모셨고, 공문(孔門)의 십철(十哲)과 송조(宋朝)의 육현(六賢)이 좌우에 배향되어 있다. 또한 동무·서무의 양편 행랑에는 공문 72현(賢)을 비롯하여 중국의 명현 90여 위와 조선의 명현 18위가 모셔져 있다. 재상 변계량은 새로 건축한 문묘를 보고

"높고 그윽한 것이 개경의 문묘보다 낫다."

고 평가했다.

△그는 천출(賤出)이다.

1414년(태종 14) 태종은 박자청을 공조판서에 제수했다. 그런데 이 과정에서 관료들이 조직적인 방해를 해 태종을 분노하게 했으니, 그해 6월 11일 태종은 신료들에게 이렇게 따져 물었다.

"박자청의 고신(告身)[138]은 어째서 서경(署經)[139]에 내지 않느냐!"

서경(署經)이 무엇인가 하면, 조선시대 신임관원의 임명과 시호(諡號) 제정 등 중요한 사항에 대하여 대간(臺諫)의 서명을 받아야 하는 제도이니, 이조(吏曹)와 병조(兵曹)에서 작성한 임명장인 고신(告身)과 사조(四祖 : 부·조·증조·외조)를 기록한 단자를 대간에 보내면, 각기

138 고신(告身) : 직첩(職牒 : 조정에서 내리는 벼슬아치의 임명장).

139 서경(署經) : 임금이 새 관원을 임명한 뒤에 그 성명, 문벌, 이력 따위를 써서 사헌부와 사간원의 대간(臺諫)에게 그 가부(可否)를 묻던 일.

관원 2~3명씩을 보내어 양사가 모여서 신임관원의 가계와 전력, 인물의 됨됨이를 심사하여 전원이 찬성하면 고신에 서명했다. 만약 부결되면 '작불납(作不納)'[140]이라 쓰고 서명하지 않았다. 이 서경을 통과하지 못한 관원은 해당 기관에 취임할 수가 없었다. 태종이 박자청의 서경이 늦어지는 것을 추궁하니, 당해 관원은 이렇게 변명했다.

"정부백관의 장(長)은 도(道)를 논의하고 이(理)를 밝혀야 하는 자리이므로 그 직임이 매우 중합니다. 박자청의 가문은 논하지 않는다고 하더라도 자신이 몸소 척석(擲石)놀이를 하고 조정 관원을 구타했으니, 어찌 재상에 합당하겠습니까!"

고 하였으니, 이는 박자청이 양반이 아니라 미천한 신분인데다 평민들이 즐기는 돌싸움을 했고 선비를 구타한 전력이 있으니, 서경을 통과시킬 수가 없다는 것이었다. 이에 태종이

"누군들 평안하려 아니하고 괴로움을 싫어하지 않겠느냐! 박자청은 감독의 임무에 힘썼던 까닭에 이 직무를 제수하는데, 너희들은 끝까지 서경해 내지 않으려고 하는가!"

이렇게 추궁하자 신료들은 우물쭈물 변명하면서 책임을 태종에게 떠넘기며 다음과 같이 말했다.

"만약 공로가 있다면 상을 내리고 다른 관직을 제수함이 옳을 것입니다. 신들은 서경하지 않기를 원하나, 만약 성상께서 이를 강요한다면 어찌 명령을 따르지 않겠습니까!"

---

140 작불납(作不納) : 사헌부나 사간원에서 서경(署經)할 때 흠이 있는 관원의 직첩에 쓰던 말. 또는 그런 일.

고 하니, 태종이 말하기를

"내가 애걸한 뒤에야 그대들이 나를 위하여 생색을 내는구나!"

고 하였다. 태종은 인재를 쓰는데도 양반 상놈을 구별하는 사대부들의 논리에 짜증을 냈다. 이러한 인재 등용의 방식이 훗날 세종에게도 이어져 장영실 같은 인물을 발탁하여 쓰는 배경이 되었다. 그렇게 태종의 전폭적인 지원을 받은 박자청은 그 해에 사신으로 명나라에 다녀오기도 했다.

세종의 치세에도 박자청의 승진은 멈추지 않았으니, 1418년(세종 1) 8월에 박자청은 정2품 의정부참찬에 임명되었다. 노비 출신이 2품의 품계에까지 승진한 것은 실로 찾아볼 수 없는 파격적인 일이었다. 이 역시 상왕 태종의 배려였으니, 그 은혜에 보답이라도 하듯 박자청은 한양성 동쪽에 무악 이궁을 지어서 태종의 쉼터로 삼께 했다.

1420년(세종 2) 원경왕후 민씨가 승하하자 박자청은 마전(麻田)의 나루에 부교(浮橋)를 만들어서 상여를 옮기자는 의견을 냈는데, 중신들의 완강한 반대에 부딪쳤으나, 결국 부교는 만들어졌고 국장행렬은 평지를 가듯이 무사히 강을 건넜다. 이런 부교의 시행은 400년 뒤에 정조의 을묘원행을 지원하기 위해 건설된 정다산의 배다리로 재현되었다. 시대를 넘어 아이디어를 현실에 실현하는 천재들의 모습을 보는 것만 같다.

박자청의 마지막 공사는 평생 자신을 믿어준 태종의 헌릉을 조성하는 일이었으니, 1422년(세종 4) 태종이 승하하자 박자청은 산릉도감(山陵都監)의 제조(提調)로써 공역에 쓸 인부 1만 명을 요구하였으나, 세종은 전국에 기근이 심하다는 이유로 경기도 일원에서 2000여 명만 동원토록 했다. 이때의 노고가 심했던 것일까! 이듬해인 1423년(세종 5) 11월 박자청은 67세의 나이로 생을 마감했다.

세종은 3일간 조회를 중지하고, 그를 위한 제문(祭文)을 지어 제사를 올리게 했다. 조선 초기 최고의 토목 전문가 박자청은 천출이었으니, 《조선왕조실록》 세종 5년 11월 9일 조에는 다음과 같은 그의 졸기(卒記)가 보인다.

"박자청의 사람됨이 세밀하고 각박하며 은혜와 덕이 적고 남을 시기하고 이기려는 것을 좋아했다. 별다른 특이한 재능이 없었으니, 단지 토목공역을 관장한 공로로 군사에서 출발하여 2품의 지위에 이르렀다. 이때에 죽으니, 향년이 67세이다. 부음이 들리니 3일간 정사(政事)를 철폐하고 종이 1백 권을 내렸으며, 장례를 관(官)에서 하게 하였다. 시호(諡號)를 익위(翼魏)라고 했으니, 강극(剛克)으로 발탁된 것을 익(翼)이라 하고, 위엄이 있고 행동이 민첩한 것을 위(魏)라고 한다."

고 하였다.

※ 사가(史家)는 말한다.

양반집 호적부에 '가인(家人)' 으로 붙어있던 천인 중의 천인인 박자청이 정2품인 공조판서에 오른 것은 그 유례를 찾아볼 수 없는 일이다. 아마도 천운(天運)을 타고난 천민이었다고 해야 옳을 것이다.

'수양산 그늘이 강동 80리' 라는 말이 있다. 이 말은 사람이 출세를 하려면 좋은 사람을 만나야 한다는 말이다. 아마도 박자청은 김사행이라는 환관을 만나 궁궐에 들어가면서 관운이 트였다고 해야 옳을 것이고, 그리고 박자청의 노력과 능력을 간과해서는 안 된다. 아무리 좋은 사람을 만났다 해도 나의 능력이 부족하면 더 발전할 수가 없는 것이기 때문이다.

그러므로 공자께서도 '임금이 써주면 벼슬길에 나가고, 써주지 않으면 산야에 숨어서 산다.' 고 하였으니, 벼슬길에 있는 사람은 항상 이 말씀을 가슴에 담고 살아야 옳은 삶을 살 수가 있는 것이다.

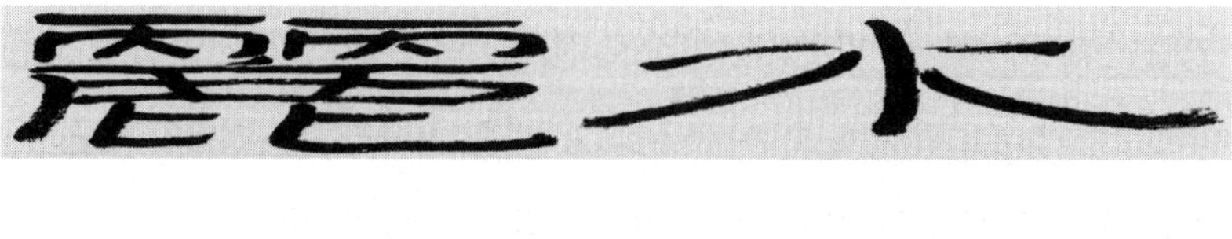

2. 세계적인 발명가 장영실

장영실은 중국 항주 출신인 장서의 9세손이고, 부친은 장성휘라고 한다. 아산장씨 족보에는

"아버지 장성휘는 조선에 귀화한 중국인이 아니라, 고려 때 송나라에서 망명한 이후 줄곧 한반도에서 뿌리를 내리고 살았던 귀화인의 후손이다."

라고 되어 있다. 이에 따르면, 장영실의 집안은 양반 가문이었고 조선시대에 들어와서도 관료를 배출하였다고 한다.

장영실은 아버지 장성휘와 동래현의 관기인 어머니 사이에서 태어났으니 '종모법(從母法)' 에 따라 관노 아니면 천민의 신분이었을 것이다.

그렇다면 동래현의 관노로 있던 장영실이 어떻게 하여 한양에 입성하여 왕의 사랑을 받는 인물로 성장할 수 있었냐가 중요한 이야기가 된다.

아마도 장영실은 관기인 어머니를 따라 동래현의 관노로 살았을 것이다. 그러나 기물을 만드는 손재주가 보통 사람을 뛰어넘었으므로, 이런 천부적인 재주가 조정에까지 알려져서, 태종이 전국의 인재를 발탁할 때에 장영실도 천거되지 않았을까! 하고 생각한다. 이후 상의원에 소속되어 뒷날 세종으로 등극하는 충녕대군과 더불어 천문기구 제작에 전념하게 된다. 장영실은 이미 태종 때부터 그 능력을 인정

받아 궁중기술자로 종사하였다. 철을 만드는 제련(製鍊)과 축성(築城)·농기구(農器具)·무기(武器) 등의 수리에 뛰어났다고 전한다. 그러므로 세종은 이미 왕위에 오르기 전부터 장영실의 재주를 눈여겨보고 있었을 것이다.

장영실은 세종이 즉위하고 얼마 안 되어 1421년(세종 3년)에 천문관의 관리였던 윤사웅과 최천구와 함께 중국에 파견되었다. 이들 3명은 세종이 특별히 발탁한 인물들이었다. 세종은 당시 세계 최고를 자랑하던 중국의 천문시설을 견학하고 와서 이를 조선에서 재연해주길 바랐다. 세종은 장영실에게

"너는 비록 신분이 천하나 재주의 민첩함은 따를 자가 없다."

고 칭찬하고

"너희들이 중국에 들어가서 각종 천문 기계의 모양을 모두 눈에 익혀 와서 빨리 모방하여 만들어라."

고 하는 특명을 내렸다.

이에 장영실은 이들과 함께 명나라에 가서 천문관측시설, 과학문물 등 많은 서적을 수집하여 이듬해인 1422년(세종 4년)에 귀국했다. 장영실이 수집해 온 책 중에는 중국의 역대 '천문지' 와 1206년에 아랍의 알 자자리가 쓴 '정교한 기계장치의 지식서' 가 있었다. 세종은 장영실이 천문에 관한 수많은 자료를 가지고 돌아오자 "양각혼의성상도감(兩閣渾儀成象都監)" 이라는 천문 관청에서 일을 하게 하였다.

세종 14년(1432) 임자에 세종이 경연에 나와서 역상(曆象)의 이치를 논할 때, 예문관 제학 정인지(鄭麟趾)에게 이르기를,

"우리 동방이 멀리 해외에 있으나, 모든 제도는 한결같이 중국을 따랐다. 다만 천문을 관측하는 기구가 없었는데, 경이 이미 역산(曆算)을 맡은 부서의 제조가 되었으니, 대제학 정초(鄭招)와 함께 옛적의 법을 강구하고 의표(儀表)를 창조하여 천문 관측에 쓰게 하되, 그 요점은 북극(北極)이 땅 위에 솟은 높낮이를 정함에 있을 것이니, 먼저 간의(簡儀)를 만들어 올리도록 하라."

고 하였다. 호군(護軍) 장영실에게 명하여 사신목인(司辰木人)을 만들었으니, 때가 되면 저절로 시간을 알리게 하면서도 인력을 수고롭지 않게 하였으니, 자세히 설명하면 누각을 세워 세 기둥을 세우고 삼신(三神)을 올려놓아, 하나는 시각을 맡아 종을 울리고, 하나는 경(更)을 맡아 북을 울리고, 하나는 점(點)을 맡아 징을 울리게 하였다. 구리구슬이나 쇠구슬을 두어 연잎으로는 구슬을 받치고, 용의 입으로는 구슬이 나오게 하였다. 여러 기계장치는 모두 숨겨 드러나지 않았고, 보이는 것은 관대(冠帶)를 차려 입은 목인뿐이었다.

호군(護軍) 장영실은 기술자들의 감독을 맡아 먼저 목간의(木簡儀)를 만들어서 서울에서 북극의 땅 위에 38도가 솟은 것을 측정하니, 원사(元史)에 실려 있는 것의 측정한 것과 다소 부합되었다. 드디어 구리를 녹여서 여러 가지의 의상(儀象)을 만들었는데, 7년이 지난 무오년(1438)에 이룩되었다. 첫째는 대소간의(大小簡儀)이고, 둘째는 혼의혼

혼천의(渾天儀) 및 혼천시계(渾天時計)

상(渾儀渾象)이며, 셋째는 현주천평정남앙부일구(懸珠天平定南仰釜日晷)이고, 넷째는 일성정시의(日星定時儀)이며, 다섯째는 자격루(自擊漏)였다.

모든 의상의 제도와 모든 신하들이 지은 명(銘)은 아울러 의상전고(儀象典故)에 자세히 실려 있다고 한다.

△조선 최고의 과학자, 불경죄를 짓다

세종 24년, 임술년(1442) 3월 16일자 조선왕조실록에

의금부에서 아뢰기를,

"대호군(大護軍) 장영실(蔣英實)이 안여(安輿)를 감독하여 제조함에 삼가 견고하게 만들지 아니하여 부서지게 하였으니, 형률에 의거하면 곤장 1백 대를 쳐야 될 것이며, 선공직장(繕工直長) 임효돈(任孝敦)과 녹사(錄事) 최효남(崔孝男)도 안여(安輿)를 감독하여 제작하면서 장식한 쇠가 또한 견고하게 하지 아니했으며, 대호군(大護軍) 조순생(趙順生)은 안여가 견고하지 않은 곳을 보고 장영실에게 이르기를, '반드시 부서지지 않을 것이오.' 라고 하였으니, 모두 형률에 의거하면 곤장 80개를 쳐야 될 것입니다."

하니, 임금이 장영실에게는 2등을 감형(減刑)하고, 임효돈과 최효남에게는 1등을 감형하며, 조순생에게는 처벌하지 말도록 명하였다.

곤장 80대를 맞은 뒤로부터는 장영실의 이름이 조선왕조실록에 나타나지 않는 것을 보아, 아마도 이 뒤로는 혹 낙향하여 자연에 소요하며 유유자적하며 살아가지 않았나 하고 생각한다.

3. 오직 충성함으로 나라에 보답한 정충신 장군

다음은 『계서야담』에 들어있는 정충신 장군의 출생담이다.

정충신의 아버지는 광주 향청의 좌수(座首)[141]이었는데, 어느 날 밤 무등산이 갈라지며 청룡이 뛰어나와 자기에게 달려드는 꿈을 꾸었다. 이를 괴이하게 여기고 다시 잠이 들었는데, 또 꿈에 산이 갈라지고 백호가 달려 나와 품에 안겼다. 이에 놀라서 벌떡 일어나서 밖에 나와서 마당을 배회하다가 부엌에서 잠이 든 식비(食婢)를 보고 마음이 동하여 합방하였다. 식비가 잉태하여 아들을 낳았는데, 이 아이가 바로 정충신이다.

정충신은 모친이 노비였으므로 노비종묘법에 의해서 노비가 되었다. 그러나 부계(父系)는 고려 때부터 대대로 대장군을 배출했던 명문가인 금성정씨이다.

임진왜란이 일어나자 17세의 어린 나이에 광주부윤 권율장군(權慄)에게 발탁되어 종군하였다. 1592년(선조 25년) 4월 일본군 선봉대가 부산포로 쳐들어와 서울을 향하여 북진을 계속하여 2개월도 채 못되어 전 국토가 유린되었으니, 이에 선조와 세자는 평양으로 몽진하였다. 한편 광주부윤 권율은 호남지방의 관군 3천 명과 호남지방의 의병과 승병 6천 명 합계 9천 명을 이끌고 행주산성에서 악전고투 끝에 대승함으로써 한양성을 무혈 수복할 수 있었다. 이에 권율은 전세가 좋아지고 있으니, 명(明)나라로 망명하는 것을 유보하라는 장계를

141 좌수(座首) : 조선시대, 지방의 행정 단위인 주, 부, 군, 현에 두었던 향청의 우두머리.

보내기 위하여 급히 사람을 찾았다. 왜적이 우글대는 전장을 뚫고 평안도 의주까지 갈 지원자는 없었다. 그런데 나이 17세인 소년 정충신이 이 일에 자원했다. 권율은 처음에는 너무 어린 정충신을 보고 거절했다. 그러나 평소에도 조심성이 많아서 실수를 하지 않고 배짱이 좋아서 심야에 순찰 중에는 적군을 기습해서 왜구의 수급을 자주 베어오는 두둑한 배짱을 눈여겨 봐왔던 터라 충분이 일을 해낼만하다고 여겼다. 이에 정충신은 거지로 분장하고, 이 천리 길을 밤낮없이 적진 속을 달려서 임무를 수행했고, 선조는 그를 기특하게 여겨 정충신을 노비의 신분으로부터 면천시켜 주었다. 그 후 권율은 정충신의 위란에 처한 나라를 위해 진충보국하는 것을 갸륵하게 여기고 사위인 이항복(李恒福)에게 보내어 써줄 것을 부탁했다.

그리하여 병조판서 이항복(李恒福)은 정충신에게 공부를 가르쳤는데, 머리가 총명하여 하나를 가르치면 둘 셋을 알았으므로 아들같이 사랑하게 되었다. 이 해 가을에 행재소에서 실시하는 무과에 응시하여 합격하였고, 1621년(광해군 13)에 만포첨사로 국경을 수비했으며, 이때 명을 받고 여진족 진에 들어가 여러 추장을 만나기도 하였다.

1623년(인조 1) 안주목사로 방어사를 겸임하면서 북방의 경계를 튼튼하게 하였고, 다음 해 이괄(李适)의 난이 일어나서는 도원수 장만(張晩)의 휘하에서 전부대장(前部大將)이 되어 이괄의 군사를 황주와 서울 안산(鞍山)에서 무찔러 진무공신(振武功臣) 1등으로 금남군(錦南君)에 봉해졌다.

1627년 정묘호란 때에는 부원수로 자신의 책임을 다하였고, 1633년 조정에서 후금(後金 : 淸)에 대한 세폐의 증가에 반대하여, 후금과의 단교를 위하여 사신을 보내게 되었는데, 김시양(金時讓)과 함께 이를 반대하여 당진에 유배되었다. 이후 다시 장연으로 이배되었다가 곧 풀려 나와 이듬해 포도대장 · 경상도병마절도사를 지냈다.

1636년 병이 심해지자 왕이 의관에게 명해 치료에 진력하게 했으나 효험을 보지 못하고 죽었다. 왕이 내시로 하여금 호상하게 하고 어복(御服)을 주어 수의(襚衣)로 하게 했으며, 관청에서 장사를 치르게 하였다. 키가 작으면서도 씩씩했고 덕장이라는 칭송을 들었으며, 민간에 많은 전설을 남겼다.

△정충신과 오성 이항복의 서랑(壻郎)과의 이야기

하루는 오성대감이 밥을 구걸하러 온 한 아이를 보고 장차 큰일을 할 사람이 될 아이라는 것을 직감하고 문하에 두고 공부를 가르쳤다.

이 아이의 이름은 정충신이니, 오성의 가르침에 의해 훌륭하게 성장하여 갔다. 정충신이 17살이 되었을 때에 오성대감의 사위와 내기 장기를 두었으니, 이 내기는 목숨을 걸고 하는 내기였다.

이 게임에서 정충신이 이기었으니, 이에 정충신은 칼을 가지고 나와서 사위의 목을 베려고 하니, 사위는 자신의 장모인 정경부인의 방에 숨었다. 정충신은 차마 들어가지 못하고 문 앞에 서서 사위가 나오기를 기다리고 있었다.

오성대감이 조회를 마치고 귀가하다가 이 광경을 보고 그 까닭을 묻자 정충신이 전후의 이야기를 모두 고하였다. 이에 오성대감은 사위를 불러서 내기를 이행하라고 하였고, 사위가 나오자 정충신은 차마 사위의 목을 베지 못하고 상투를 자르고 말았다. 오성은 이 광경을 보고 대장 노릇은 못하겠고 다만 포도대장 정도의 배짱이 있다고 하였다.

그 뒤에 오성이 귀양을 가게 되었으니, 정충신이 오성을 모시고 귀양지로 떠났다. 오성은 귀양길에 오르며 사위에게 봉투 하나를 주면서 목숨이 위태로울 때에 펴보라고 하였다. 이후 오성은 귀양지에서 세상을 하직하였는데, 이때에 유서를 남기면서 정충신에게 김정승을 찾아가서 보여주라고 하였다.

이에 정충신은 오성의 장례를 치르고 김정승을 찾아가서 유서를 보여주었으니, 그 유서에는 정충신을 포도대장에 추천해 달라는 내용이었다. 김대감은 오성의 부탁을 거역할 수가 없어서 정충신을 포도대장에 추천하여 임명이 되었다.

당시 오성대감의 사위는 경기도관찰사로 있었는데, 정충신이 군량을 마련하라는 군령을 내렸으니, 이에 관찰사는 삼천 석의 군량을 마련하게 되었다. 그러나 삼천 석이나 되는 군량을 마련할 수 없었던 관찰사는 이 군령을 어기게 되었고, 정충신은 관찰사를 불러내어 군령을 시행하려고 하였다. 이때에 관찰사는 오성대감이 준 서찰을 정충신에게 꺼내주었고, 이를 펴보니 글자 한 자 없는 백지였다. 이에 정충신은

"네 뜻대로 하라."

는 오성의 큰 뜻을 감지하고, 차마 그 사위를 죽이지 못하고 돌려보내주었다고 한다.

4. 팔도감사를 지낸 반석평

『중종실록(中宗實錄)』의 사관(史官)의 평에는

"반석평은 얼자(孽子)[142]로 시골에 살았는데, 할머니께서 반석평이 학문에 뜻이 있음을 알고서, 얼자(孽子)를 은폐하고 가문을 일으켜보려고 하였으니, 그 손자를 이끌고 서울로 와서 셋집에 살면서 길쌈과 바느질로 끼니를 이어가며 반석평을 공부하게 하였다. 드디어 과거에 급제하여 중외(中外)의 관직을 거쳐 지위가 육경에 오르니, 사람들이 모두 할머니를 현명하게 여겼다."

라 하였으니, 이는 조선시대 신분제와 관련하여 주목되는 사례이다. 광주반씨 가문에서는 아들을 훌륭히 키우고자 한양으로 이사를 하여 훌륭한 선생을 찾아갔던 어머니를 '맹모삼천지교(孟母三遷之教)' 에 비교하여 '경천지교(京遷之教)' 라 한다고 한다.

한편《어우야담》을 보면,

"한 어린 노비가 부지런하고 총명함을 알고 이 아이를 잘 거두어서 글을 가르치고 출셋길을 열어준 훌륭한 주인이 있었으니, 이름을 알 수 없는 이 주인은 15세기에 재상을 지낸 인물이다. 그 주인은 자기가 데리고 있는 꼬마 노비의 영특하고 성실함에 주목하고, 그 아이가 자기 아들이나 조카와 똑같은 자리에서 공부할 수 있도록 배려하였고, 아이가 노비 신분으로는 그 재주를 살릴 수 없다고 판단한 그 재상은

---

142 얼자(孽子) : 첩의 몸에서 난 아들.

아이를 아들 없는 부자인 반서린(潘瑞麟)의 양자로 보냈으니, 신분 세탁을 통하여 공부에 전념할 수 있는 환경을 만들어주었다."
고 하였다. 이런 과정을 통하여 성(姓)도 없던 어린 노비는 반석평(潘碩枰, ?~1540)이라는 번듯한 이름을 갖게 되었다.

이런 과정을 거친 반석평은 연산군(燕山君) 10년(1504)에 열린 소과(小科)인 생원시험에 합격하고, 이어 중종 2년(1507)에 열린 대과(大科)에 급제했다.

그 뒤 그는 함경도에서 여진족을 방어하며 경력을 쌓았다. 함경북도 병마절도사[143], 함경남도 병마절도사, 평안도관찰사, 공조·형조판서 등을 지냈으며, 명나라에 사신으로 다녀온 적도 있다. 죽기 전에 임명된 마지막 관직은 지중추부사[144]이다. 반석평은 관운이 좋아서 이렇게 잘나갔지만, 그를 밀어준 재상의 자손은 그렇지 못하였으니, 과거 합격자를 배출하지 못했을 뿐 아니라 재상이 죽은 뒤에는 경제적으로 곤궁해져서 가난하게 살았다. 그렇지만 반석평은 그들을 만나면 피하거나 무시하지 않았다. 어느 날 초헌(軺軒)[145]을 타고 길을 가다 주인집 아들을 만나면 얼른 내려 진흙길 위에서도 절을 하였다고 한다.

143 병마절도사 : 조선시대에, 각 지방의 병마를 지휘하던 종이품의 무관 벼슬. 세조 12년(1466)에 병마도절제사를 고친 것이다.

144 지중추부사 : 조선시대에, 중추부에 속한 정이품 무관(武官) 벼슬.

145 초헌(軺軒) : 조선시대에, 종이품 이상의 벼슬아치가 타던 수레. 긴 줏대에 외바퀴가 밑으로 달리고, 앉는 데는 의자 비슷하게 되어 있으며, 두 개의 긴 채가 달려 있다.

품계가 올라 고관이 되자 자신의 과거가 떳떳하지 못함을 인지한 반석평은 조정에 자신의 진짜 신분을 고백하면서, 자기 관직을 박탈하고 죄를 줄 것을 요청하고, 자기 대신 주인집 가족들에게 관직을 줄 것을 요청했다. 이에 신분이 드러난 반석평은 처벌을 받아야 마땅하였으나, 조정에서는 특례를 인정했다. 또한 그의 관직을 그대로 인정하고 주인집 가족들에게도 관직을 제수했다고 하니, 이는 그의 의리와 솔직함을 높이 샀기 때문이었다.

△팔도감사(八道監司) 이야기

조선조에서 팔도(八道)의 감사(監司)를 모두 지낸 사람은 단지 두 사람뿐이라고 한다. 함부림(咸傅霖)[146]과 반석평(潘碩枰)이니, 반석평은

146 함부림(咸傅霖) : 1360(공민왕 9)~1410(태종 10). 고려 말 조선 초의 문신. 본관은 강릉(江陵). 자는 윤물(潤物), 호는 난계(蘭溪). 아버지는 검교중추원학사(檢校中樞院學士) 함승경(咸承慶)이다. 1385년(우왕 11), 문과에 급제해 예문검열(藝文檢閱)을 거쳐 좌정언으로 승진하였다. 1389년, 공양왕이 즉위하자 헌납으로 재직중 정지(鄭地) · 이림(李琳) · 왕안덕(王安德) · 우인열(禹仁烈) · 우홍수(禹洪壽) 등 구신들을 탄핵하다가 왕의 미움을 받아 춘주지사(春州知事)로 좌천되었다. 그 뒤 다시 기용되어 형조정랑이 되었다. 그러나 중방(重房)의 무신들이 문신을 멸시하자 이에 항거하다가 파직되었다. 1392년(공양왕 4), 이성계(李成桂)가 실권을 잡자 병조정랑 겸 도평의사사경력사도사에 복직되었다. 그 해 이성계 추대에 참여해 개국공신 3등으로 개성소윤에 임명되었다. 그리고 형조의랑에 이어 대사성 · 좌산기상시로서 상서소윤(尙瑞少尹)을 겸하고 명성군(溟城君)에 봉해졌다. 태종 초기에 충청도관찰출척사 · 예문관제학 · 동북면도순문사 · 동북면도순문찰리사 겸 병마도절제사 겸 영흥부윤 등을 역임하였다. 1404년(태종 4), 참지의정부사로서 대사헌에 올랐다. 다음 해 노비변정도감제조와 경기도관찰사를 역임하고, 1406년에 계림부윤 · 경상도관찰출척사를 지냈다. 다음 해 다시 참지의정부사로서 명나라에 다녀

팔도감사에 더하여 오도병사(五道兵使)도 지냈다고 한다.

오늘날 유엔사무총장을 지낸 반기문은 반석평의 16대손이라고 하니, 아마도 반석평의 유음(遺蔭)이 현재까지도 전해지는 것 같으니, 이를 생각하면 반석평공이 평생 관직에 있으면서 적선(積善)함이 많음을 인지하게 된다. 그리고 팔도감사를 지냈다는 것은 얼마나 대단한 일인가! 한 곳의 감사를 지내기도 어려운 것인데, 팔도의 감사라니 정말 대단한 관운이다.

왔다. 1408년에 형조판서가 되었다가 1410년 파직되었다. 성격이 강직해 직언을 서슴지 않았으며, 서리를 다스리는 데에 능숙해 관직을 맡을 때마다 칭송을 받았다. 1405년에는 앞서 1398년(태조 7)의 제1차 왕자의 난 때, 정도전(鄭道傳)과 더불어 왕자 방석(芳碩)을 옹립했다는 혐의로 탄핵을 받은 일이 있다. 시호는 정평(定平)이다.

5. 임진란에 도원수에 추천된 서기(徐起)[147]

조선 중기의 학자로 자(字)는 대가(待可)이고, 호는 고청초로(孤青樵老)이니, 본관은 이천(利川)이다. 어려서부터 학문에 힘쓰고, 선학(禪學)에 뜻을 두었다. 20세 때 토정(土亭)에게 공부하고, 그를 따라 전국을 두루 유람하였으니, 바다를 건너 제주도의 한라산까지 다녀왔다.

향리에 돌아오니, 인심이 흉악하여 다시 지리산에 들어갔고, 뒤에 계룡산(鷄龍山) 공암동(孔岩洞)에 자리잡아 집을 짓고 후진들을 가르쳤다. 경사(經史)를 깊이 탐구하면서 침식을 잊었고, 스스로 만족하니 만년에 더욱 이름이 높았다.

서기의 선대에 대해서는 잘 알려져 있지 않았고, 신분에 대해서도 논란이 있다. 권문해(權文海)는

"비미(卑微)한 사람이다."

고 하고, 박지화(朴枝華)는

"누세한족(累世寒族)으로, 아버지는 서구령이다."

라고 하였다. 그리고 허목(許穆)은

"서기는 천인(賤人)이다."

147 서기(徐起, 1523~1591) : 고청은 호이다. 본관은 이천(利川)이고, 자가 대가(待可)이며, 호가 고청초로(孤青樵老) · 구당(龜堂) · 이와(頤窩)이다. 공주(公州) 충현서원(忠賢書院) 별묘(別廟)에 제향되었다. 저서로 《고청유고(孤青遺稿)》가 전한다. 《韓國文集叢刊解題 2輯, 孤青遺稿, 민족문화추진회》

고 하고, 남하정(南夏正)은

"서기는 전야인(田野人)이다."

라고 기록하였고, 이익은

"집이 미천하니, 본래 정승 심열의 종이었다."

고 기록하였으며, 〈연려실기술(燃藜室記述)〉에는

"심충겸이 하사받은 노(奴)로, 학문에 힘쓰고 행실이 독실하므로 면천했다"

고 기록하고 있다.

서기는 주로 계룡산 고청봉 아래 공암(孔巖 : 지금의 충청남도 공주시 반포면 공암리)과 지리산 등지에서 은둔생활을 했기 때문에 정치적인 행적에 대해서는 알려져 있지 않다.

중봉(重峯) 조헌(趙憲)이 홍주교수 당시 이지함(李之菡)을 찾아뵈었던 일이 있었는데, 이때에 이지함은 중봉의 학문이 고매함을 보고 성혼(成渾), 이이(李珥), 송익필(宋翼弼), 이산보(李山甫)와 더불어 서기(徐起)를 사우(師友)로 추천하였으니, 이러한 관계에서 서기의 교유 관계의 일단을 살필 수 있다.

1589년(선조 22) 기축옥사(己丑獄死)가 일어나자, 서기의 문인들이 정개청(鄭介淸)과 서기와의 관계가 밝혀질 것을 걱정한 사실과, 정개청에게 화답한 시가 〈고청유고(孤靑遺稿)〉에 수록된 것으로 볼 때에, 기축옥사에서 정여립(鄭汝立)의 당으로 분류되었던 정개청과 일정한 교분이 있었던 것으로 보인다.

기축옥사에는 최영경(崔永慶), 조종도(趙宗道), 유종지(柳宗智) 등 조식(曺植)의 문인들이 많이 연루되었으며, 서기가 이지함과 함께 조식을 방문한 것으로 보아, 조식과도 일정한 교분을 유지했던 것으로 보인다.

서기는 출사와 연결하는 성리학의 이론을 학습하기보다는 다양한 학문과 사상에 학문적 정열을 쏟았다. 서기가 서경덕(徐敬德)·이중호(李仲虎)·이지함을 사사한 것도 이들의 학풍이 신분이나 명분에 얽매이지 않는 요소가 많았기 때문이다.

서기는 어려서부터 학문에 전념하여 사기(史記)와 제자백가, 그리고 기술이론까지 통달하였으며 선학(禪學)을 좋아하였다. 특히 이지함을 만나면서 비로소 유학이 정도임을 깨닫게 되었다고 한다. 성리학자이면서 노장사상을 절충한 측면을 확인할 수 있는 부분이다. 그리고 서기가 도가(道家)적인 경향이 있었음이 박지화와 함께 언급된 다음의 기록을 통해서 확인할 수 있다.

"박지화는 서인(庶人)이니, 박학하고 문장에 능했으며 또한 이학(理學)으로 명성이 있었고, 서기는 천인이니, 경학에 밝고 산수를 좋아하여 명산에 은거하였다. 대개 화담(花潭) 문하의 제자들은 자못 기이한 것을 좋아하였으니, 세상에서 박지화를 신선이라고 여기고, 서기는 전지지술(前知之術)이 있다."

고 하였고, 천문에도 능해 선기옥형(璇璣玉衡, 혼천의)을 만들었고, 조헌 등과 함께 중국과 다른 조선의 독자적인 천문 체계를 제시한 동방분야도(東方分野圖)를 고쳤다고 한다.

서기는 · 충청도 홍성과 지리산, 계룡산 근처로 거처를 옮겨 다니면서 오로지 학문과 강학(講學)에만 전념하였다. 만년에는 계룡산 고청봉 아래 공암에 정착하여 69세에 세상을 떠날 때까지 19년 동안 살았다. 뒤에 충현서원 별사에 배향되었다.

△고청의 설화

다음은 당진에서 채록한 설화를 요약한 것이다.

서고청의 모친은 이진사집 하인이었으니, 한센병에 걸려 주인집에서 쫓겨나 공주의 공암(孔岩)이라는 바위굴에서 낮잠을 자고 있었다. 마침 그곳을 지나던 한 소금장수가 비를 피하여 바위굴로 들어왔는데, 어떤 여인이 자고 있는 것을 보고 관계를 맺은 뒤에 성(姓)만을 가르쳐 주고 돌아갔다.

그 뒤에 여인은 잉태를 하고 한센병도 다 나아서 다시 주인집에 들어가서 살다가 아들을 낳았으니, 이 아이가 바로 서고청이다.

서고청은 노비생활을 하며 서당에서 어깨 너머로 공부를 하였다. 뒤에 그는 총명한 재주를 인정받아서 주인집에서 공부를 시켰다.

서당에서 벗들이 아비 없는 놈이라고 욕을 하니, 서고청은 어머니께 자기의 출생의 사연을 물었으니, 어머니는 공주 공암의 근처 바위굴에서 있었던 일을 알려주었다. 이에 고청은 공암의 근처에 주막을 내고 술장사를 시작하였다. 그러던 어느 날, 공암을 바라보면서 빙긋이 웃는 소금장수 영감을 만나 웃는 이유를 물어보니, 그가 바로 자신의 아버지임을 확인하고 부자 상봉을 하였다고 한다.

△〈매옹한록〉의 설화는 다음과 같다.

서고청은 심충겸(沈忠謙)의 사노(私奴)이니,

심정승의 모부인이 과부로 살면서 심정승을 키웠는데, 서고청을 한 번 매질한 일이 있었다. 그런데 문밖에서 갈도성(喝導聲)[148]이 요란해서 물어보니,

"사대부들이 서고청이 죄를 받는다는 말을 듣고 방문하는 소리입니다."
고 하였다. 이에 부인은 서고청을 불러 문자를 아는지 확인하고 아들을 가르치도록 하였다.

서고청이 늘 고개를 숙인 채 엎드려서 아들을 가르치니, 뒤에 부인은 서고청을 면천시켜서 양인이 되게 하였는데, 그러나 서고청은 분수를 범하는 일이라 하여 이를 사양하였다. 서고청은 조선조에서 송익필(宋翼弼)·정충신(鄭忠信)과 함께 삼노(三奴)의 명인(名人)으로 일컬어지는 인물이다.

---

148 갈도성(喝導聲) : 지체 높은 이의 행차 때, 길 인도하는 하예(下隸)가 앞에 서서 소리를 질러 행인을 비키게 하는 소리.

△고청(孤靑)이 인봉(仁峰)에게 보낸 서신

이는 인봉 전승업(仁峰 全承業)[149]선생 문집에 수록된 서신을 발췌하여 다음에 수록한다. 주제는 서고청이 인봉에게 주는 서신이다.

경인년(선조 23, 1590) 가을에 정사(精舍)를 회인현 가산 소홀곶에 있는 인봉의 아래 입탄(笠灘)의 위에 지었으니, 대개 중봉선생으로 더불어 미리 피난할 장소를 강구해서 먼저 이곳에 지은 것이었다.

중봉께서도 또한 정사를 중봉의 아래에 지었고, 서로 삿갓 여울을 사이에 두고 살면서 함께 진심으로 학문을 수습(修習)할 곳으로 삼은 까닭에 두 분 선생을 '중봉(重峯)·인봉(仁峰)'이라고 호칭한 것은 이 때문이다.

이에 고청(孤靑 : 서기)이 서신을 보내어 축하하여 말하기를,

"존공(尊公)이 강상에 지은 별장은 하늘이 이 시기(임진왜란)를 위하여 주심이니, 만일 왜란이 있게 되면 처자를 데리고 숨어들어가 살기에 매우 좋습니다."

고 하고, 또 말하기를,

---

149 전승업(全承業) : 사재감첨정(司宰監僉正). 중봉(重峯)의 문인. 본관은 옥천. 자는 효선(孝先), 호는 인봉(仁峰). 참판 팽령(彭齡)의 손자. 항의신편에 의하면, 중봉과 함께 가장 먼저 창의(倡義)하고 중봉의 밑에서 군수물자를 담당하는 막료로 활약하였고, 중봉이 쓴 상소문을 가지고 의주로 가던 도중 당진에서 중봉이 이끄는 7백명의 군사가 전멸하였다는 소식을 접하고 상소문은 부관 곽현에게 맡기고 금산으로 돌아와 벗 박정량과 같이 중봉의 시신을 수습하여 장례를 치르고, 나머지 7백의사는 시신을 한 곳에 묻었음. 뒤에 사헌부장령(司憲府掌令)에 추증되었다. 《인봉집(仁峰集)》이 있고, 후율서원(後栗書院)에 배향됨.

"신묘년(1591년 선조 24 2월 ○일)에, 세상의 일이 한심하지만 어찌할 수가 없으며, 잔명(殘命)을 걱정하는 늙은 몸은 어디에 엎어져 죽어야 합니까! 단지 스스로 상심하여 나라를 걱정하는 한과 백성들의 애통함이 있을 뿐이 아닙니다. 이를 건너려고 하나 가가 없는 것 같고 하늘도 도와주지 않으니, 어찌 이와 같은 막다른 곳에 이를 줄을 알겠습니까."

고 하였다.

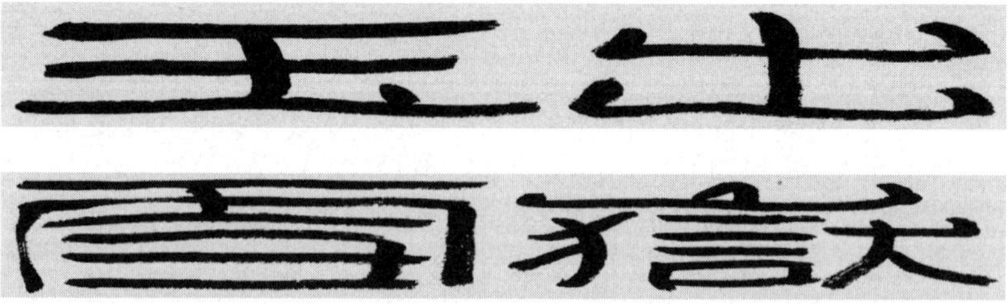

6. 제갈량을 보려면 송익필을 보라

△송익필의 아버지 송사련(宋祀連)

송익필을 알려면 먼저 그의 부친인 송사련을 알아야 한다.

송사련의 아버지는 송인(宋璘) 또는 자근금(者斤金)이며, 어머니는 성균관사예(成均館司藝) 안돈후(安敦厚)의 서출(庶出)인 감정〔甘丁 : 안당(安瑭)의 서매(庶妹)〕이다.

송사련은 안처겸(安處謙)의 고종사촌으로 안씨 집 사람들은 송사련을 친자매같이 여기고 가내에 출입하게 하면서 믿고 지내었는데, 장성함에 따라 자기의 지위가 미천한 것을 한탄하고 안당(安瑭)의 반대파였던 심정(沈貞)에게 아부하여, 벼슬이 관상감판관에 이르렀다.

이에 자신의 출신이 미천함을 비관한 송사련은 엉뚱한 생각을 품게 된다. 처남 정상(鄭鏛)과 공모하여, 고모인 안처겸의 어머니 초상 때의 조객록(弔客錄)과 발인(發靷) 때의 역군부(役軍簿) 등을 증거로 삼아 안처겸 등이 역모를 꾀하였다는 사실을 조작하여 옥사를 일으켰다.

이 사건의 조작으로 안처겸 · 안당 부자 등 안씨 일문과 권전(權磌) · 이충건(李忠楗) · 조광좌(趙光佐) 등 많은 사람이 죽게 되었다. 그 결과 역모를 고변한 공로로 선조조에 이르기까지 네 임금을 섬기면서 시위대장 · 절충장군 등 당상관으로 30여 년간 관직에 있으면서 종신토록 봉록을 받았다.

그리고 송사련의 딸도 종실에 출가하였고, 아들 5형제도 모두 명문 집안과 혼인을 하였다. 그러나 송사련이 죽은 뒤인 1586년(선조 19) 안당의 종손(宗孫)인 안로(安璐)의 처 윤씨의 상소로 안당의 무죄가 밝혀지자, 송씨 집안도 맞 상소하며 싸우다가 결국 패하여 관작이 삭탈되었다.

△송익필의 출생과 그 친구들

송익필의 본관은 여산(礪山)이며, 자는 운장(雲長)이고, 호는 구봉(龜峰)·현승(玄繩)이며, 시호는 문경(文敬)이다. 1534(중종 29년) 한성에서 출생하였으며, 그의 부친은 송사련(宋祀連)이고 어머니는 연일정씨이다.

송익필의 할머니 감정(甘丁)은 안돈후(安敦厚)의 천첩(賤妾)이었던 중금(重今)의 소생이다. 따라서 적서(嫡庶)의 차이는 있지만 안돈후의 아들이자 우의정을 지낸 안당은 송사련의 진외갓집 숙부가 된다. 하지만 후일 감정이 안돈후의 소생이 아니라는 사실이 밝혀져 송익필의 집안은 노비로 다시 환천(還賤)된다. 송사련은 예조에서 종5품의 관상감판관을 지냈는데, 1521년(중종 16년) 안당의 아들 안처겸(安處謙)이 역모를 모의했다고 고변하여 안당과 그의 아들뿐만 아니라 4촌까지 모두 국문을 받고 사사(賜死)되는 신사무옥(辛巳誣獄)[150]이 일어나게

150 신사무옥(辛巳誣獄) : 조선 중종 16년(1521) 신사년에 일어난 안처겸(安處謙) 일당의 옥사. 송사련(宋祀連), 정상(鄭鏛) 등이 안당(安瑭)의 아들 안처겸의 모상(母喪) 때의 조문록을 가지고 무고하여 안당의 일문(一門)이 화를 당하였다.

하였다. 역모자를 고변하였다는 공로로 송사련은 공신록에 책록되었으며, 그 공으로 정3품 당상관에 올라 출세가도를 달렸다. 부친의 출세로 송익필과 그의 형제들 역시 부유하게 자랐으며 좋은 환경에서 교육을 받았다.

△송익필의 총명함과 그의 생애

송익필은 어려서부터 총명하고 문장도 출중하여 주변 사람들의 관심을 받았다. 하지만 서출(庶出)이라는 출신 때문에 벼슬길에는 나아가지 못했다. 그러나 아버지의 후광으로 당대 최고의 문장가들과 어울렸으니, 이산해(李山海)·최경창(崔慶昌)·백광홍(白光弘)·최립(崔岦)·이순인(李純仁)·윤탁연(尹卓然)·하응림(河應臨) 등과 함께 '8문장가'의 한 사람으로 꼽혔다.

그리고 서인인 심의겸(沈義謙)·이이(李珥)·성혼(成渾)·정철(鄭澈) 등과 교우하였고, 파주의 5인방으로 불리면서 정치적 의리를 함께 하는 동지가 되었다. 이들의 이런 면면을 보고 있던 이준경(李浚慶)은 장차 붕당이 만들어질 것을 우려하여 선조에게 상소문을 올렸으나, 오히려 신진세력이었던 이율곡 등에게 지나치게 우려한다는 비판을 받기도 하였다. 뒤에 송익필은 예학(禮學)을 연구하여 당대의 사림에서 예학의 대가로 손꼽히었다. 그리고 정치적인 감각이 탁월하여 서인세력의 막후 실력자로 행세하였다. 그는 자신의 학문에 대한 자부심이 강하였고 벼슬길에 나서지 않으면서 사림의 처사(處士)로 고매하게 행세하였는데, 이 때문에 사람들에게 비난을 사기도 하였다.

그의 이러한 명망으로 광산김씨 김계휘(金繼輝)의 아들 김장생(金長生)을 첫 제자로 받아들였고, 김장생 역시 송익필의 영향으로 예학의 대가로 성장하게 되었다.

송익필은 경기도 파주의 감악산 아래에 은거하면서 많은 후진을 양성하였으니, 그가 양성한 제자로는 정엽(鄭曄)·서성(徐省)·정홍명(鄭弘溟)·김반(金槃) 등이 있다. 이후 그의 학맥은 김장생의 아들 김집(金集)을 거쳐 숙종(肅宗) 대의 노론의 영수 송시열(宋時烈)까지 이어지게 되었다.

1586년(선조 19년) 신사무옥(辛巳誣獄)의 치욕을 설욕하려 절치부심(切齒腐心)하던 안처겸의 후손들이 송사를 일으켰으니, 결국 안처겸의 역모가 조작된 사건임이 밝혀지고 안씨 집안의 사람들은 신원이 회복되었다.

이에 송익필 형제들을 포함한 감정의 후손들이 안씨 집의 사노비였음이 드러나고 송사를 통해서 안씨 집안의 사노비로 환속되었다.

송익필은 성(姓)과 이름을 바꾸고 도피생활에 들어갔으며 다시 신분을 회복하려고 고심하던 끝에, 1589년 정여립(鄭汝立)이 역모를 꾀하였다는 모반사건으로 기축옥사(己丑獄事)가 일어나 이발(李潑)·이호(李浩)·백유양(白惟讓)·유몽정(柳夢井)·최영경(崔永慶) 등 1000여 명의 동인들이 제거되었고, 송익필의 형제들은 모두 양반의 신분으로 회복되었다.

당시 이 사건을 맡아 처리한 인물은 송익필과 절친했던 정철이었다. 이런 일로 인하여 송익필은 기축옥사를 막후에서 조종하여 무고한 사람들을 죽게 만든 인물로 지목되기도 하였다.

기축옥사로 동인과 서인으로 갈라진 정치세력은 피를 부르는 정쟁으로 치닫게 되었고, 사후 지평(持平)에 추증되었으며, 문집에 《구봉집》이 있다.

△서인들의 송익필 구원 활동

다음은 필자의 14대조인 《인봉전승업선생문집(仁峰全承業先生文集)》에 보이는 송익필이 안처겸의 후손들과의 송사에 패하여 환천(還賤)될 상황에 몰렸을 때에 중봉과 가까이 지내던 인봉이 송익필을 구제하는 내용이다.

"신묘년(선조 24년 1591)에 구봉(龜峰) 송익필의 옥사가 크게 일어나니, 그의 가속(家屬)은 사방으로 흩어졌고 가권(家眷)은 돌아가 의지할 곳이 없었다. 그래서 선생은 중봉선생과 함께 그들을 구하여 살릴 것을 논의하고, 그 가솔들을 금산군수 김현성(金玄成)[151]에게 부탁하

151 김현성(金玄成): 1542(중종 37)~1621(광해군 13). 조선 중기의 선비 서화가. 본관은 김해(金海). 자는 여경(餘慶), 호는 남창(南窓). 목사 언겸(彦謙)의 아들이며, 어머니는 광주이씨(廣州李氏)로 진사 중경(重卿)의 딸이다. 1564년(명종 19) 식년문과에 병과로 급제하였다. 관직은 교서관정자(敎書館正字)와 봉상시주부(奉常寺主簿)·양주목사 등을 거쳐, 1617년에 동지돈녕부사(同知敦寧府事)에 이르렀다. 시·서·화에 두루 능하였는데, 그림보다는 글씨에 뛰어났으며 특히 시에 능하였다고 한다. 글씨는 조선 초에 유행하였던 우아하고 균정된 모습을 지닌 송설체(松雪體)를

였고, 곧이어 금산군수가 체임되자 선생은 그의 권속을 인봉정사(仁峰精舍)에 거처하게 하였고, 그의 여식으로 대혼(對婚)을 하는 등 극력으로 구제하니, 그 집에서 선생 앙모하기를 부모같이 하였다.”

고 하였다. 당시 서인측 유자(儒者)들은 이와 같은 방법으로 송익필을 도왔다고 한다. 송익필의 학문과 인물이 출중하였으므로, 주위에 있는 선비들이 서로 다투면서 구원을 하였다고 한다.

따랐다. 현재 전하는 그림은 없고 서예 유작으로 행서(行書)로 쓴 「주자시(朱子詩)」가 남아 있다. 또, 금석문으로는 「숭인전비문(崇仁殿碑文)」·「이충무공수군대첩비문(李忠武公水軍大捷碑文)」·「조헌순의비문(趙憲殉義碑文)」·「신숭겸충렬비문(申崇謙忠烈碑文)」·「정언유격묘비문(正言柳格墓碑文)」 등 다수의 작품이 전하고 있다. 저술로는 『남창잡고(南窓雜稿)』가 있다.

7. 천민 시인 유희경과 명기(名技) 매창(梅窓)의 사랑

유희경의 본관은 강화(江華)이고, 자는 응길(應吉)이며, 호는 촌은(村隱)이고, 아버지는 유업동(劉業仝)이며 어머니는 허씨(許氏)이다.

서경덕 선생의 문인인 박순(朴淳)으로부터 당시(唐詩)[152]를 배웠으며 어려서부터 효자로 이름이 났다. 임진왜란 때에는 의병으로 나가 싸운 공으로 선조(宣祖)로부터 포상을 받고 면천(免賤)되었다.

또한 중국 사신들의 잦은 왕래로 호조(戶曹)에서 비용을 모두 써서 바닥이 나자 유희경이 돈을 벌 계책을 알려주었다고 하며, 그 공으로 통정대부(通政大夫)를 하사받았다.

광해군 때에 이이첨(李爾瞻)이 선조의 계비이고, 모후(母后)인 인목대비(仁穆大妃)를 내쫓아 서인(庶人)으로 강등시키려고 유희경에게 상소(上疏)를 올리라 협박했으나 거절하고 따르지 않았는데, 그 뒤 인조(仁祖)가 왕위에 올라 그 절의를 높이 평가하여 가선대부(嘉善大夫)로 품계를 올려주었다.

유희경은 당시 같은 천인 신분으로 시에 능하였던 백대붕(白大鵬)과 함께 풍월향도(風月香徒)라는 모임을 만들어서 이를 주도했다. 이 모임에는 박계강(朴繼姜) · 정치(鄭致) · 최기남(崔奇男) 등 중인 신분을 가진 시인들이 참여했다.

152 당시(唐詩) : 중국 당나라 때의 시인들이 지은 시. 이때 5언, 7언의 율시(律詩)와 절구(絶句) 같은 근체시(近體詩)의 양식이 완성되었다.

서경덕(徐敬德)의 문인이었던 남언경(南彦經)에게 『문공가례(文公家禮)』를 배워 장례의식에 특히 밝았으므로 나라의 큰 장례나 사대부가의 장례를 예법에 맞게 치르도록 지도하는 것으로 이름이 높았다.

시는 한가롭고 담담하여 당시(唐詩)에 가깝다는 평을 듣는다. 허균(許筠)의 『성수시화(惺叟詩話)』를 살펴보면,

"유희경은 천인으로서 한시에 능통한 사람이다."

고 하였다. 천민 출신이지만 한시를 잘 지어 사대부들과 교유했으며, 자기 집 뒤에 있는 시냇가에 돌을 쌓아 대(臺)를 만들어 "침류대(枕流臺)"라는 현판을 걸고, 그곳에서 유명 문인들과 시로써 화답했다고 한다.

이상이 유희경의 대체적인 이력인데, 천민이었지만 이상이 높아서 당대의 명사인 박순과 남언경 같은 선생에게서 시(詩)와 예학을 배웠고, 예학의 실력은 너무나 훌륭해서 당시 주위에서 초상이 나면 장례지도자가 되어서 장례를 잘 치르도록 하였다 하고, 시(詩)는 당시 사대부라면 누구나 읊을 줄 알아야 대접을 받던 시절이었는데, 유희경은 특히 시에 특별한 재주를 가졌으므로, 지체가 높은 선비들조차 그와 함께 시재(詩才)를 겨뤄보려 하였으며, 자연히 시인으로 이름을 날렸다고 할 수가 있다.

한편 기녀 매창(梅窓)은 본명이 향금(香今)이고, 자는 천향(天香)이며, 호는 매창이고, 또는 계생이라고도 하였다. 1573년(선조 6) 부안

현의 아전 이탕종(李湯從)의 딸로 태어났다.

매창이 기생으로 살아간 것으로 보아서, 매창의 어머니가 부안현에 소속된 관비(官婢)였을 것으로 보인다. 매창은 계유년(癸酉年)에 태어났으므로 계생(癸生)·계생(桂生)·계랑(癸娘)·계랑(桂娘)이라고도 불리었는데, 그러나 매창은 그 이름이 마음에 들지 않았는지는 모르나, 자신이 자호(自號)하여 '매창(梅窓)' 이라 하였다고 한다.

조선시대의 기녀들은 궁중이나 관아의 연회에 흥(興)을 돋우는 역할을 담당하였으므로, '여악(女樂)' 이라고도 불리었다. 서울의 기생들은 장악원(掌樂院)에서 각종 악기와 가무(歌舞)를 배웠고, 지방 관아에 있는 기생들은 교방(敎坊)에서 이를 습득했다. 또한, 기녀들은 주로 양반들과 어울렸기에 문장과 서화(書畵)를 학습하는 것도 교육 중의 한 과목이었으니, 그녀들은 이를 갈고 닦은 실력으로 양반들과 함께 시를 주고받기도 했다. 19세기의 학자 이규경(李圭景)의《오주연문장전산고》에는 고려에서 조선에 이르기까지 시를 잘 지은 '시기(詩妓)'를 아래와 같이 기록하면서 매창을 언급하였다.

"송계 권응인의《패관잡기》에, '우리나라 여인들의 시로 말한다면, 삼국시대에는 알려진 것이 없고, 고려시대에 이르러 용성의 기녀 우돌(于咄)과 팽원의 기녀 동인홍(動人紅)만이 시를 지을 줄 알았다고 하였으나, 그러나 전하는 것은 없다. 그리고 송경(松京)의 삼절(三絶)로 유명했던 황진이(黃眞伊), 부안기생 매창(梅窓)·복랑(福娘)·추향(秋香), 호서기생 설죽(雪竹)·취선(翠仙), 진주기생 승이교(勝二喬), 성천

기생 일지홍(一枝紅) 등은 모두 시를 잘하기로 유명하다.'"
고 하였다. 조선 기녀들 전체를 놓고 말한다면, 황진이·매창·일지홍 등의 기생들은 웬만한 시인과 가객 못지않은 뛰어난 문재(文才)를 보여주었다. 특히 서경덕과 교유한 황진이나, 이귀(李貴)·허균(許筠) 등과 교유한 매창의 경우는 당대 최고의 문사들과 교유하며 스캔들의 주인공이 되는 경우도 있었다. 비록 천민 신분이었지만, 기녀들은 뛰어난 재주를 가지고 양반들과 풍류를 나누었고, 서로의 애틋한 사랑을 시로 남기기도 했다.

△매창과 유희경의 만남과 사랑

기녀 매창에게 사랑이 찾아온 것은 그녀의 나이 스무 살 정도가 된 때였다. 그런데 그가 사랑했던 남자는 스물여덟 살이나 연상이고 더구나 천민 출신인 유희경(劉希慶, 1545~1636)이었으니, 당시 많은 사대부들의 사랑을 받으며 명성이 높았던 매창인데, 신분이 높지 않은 유희경에게 끌렸다는 것은 서로 천민 출신인 점과 둘 다 시를 잘해서 시로 주고받는 대화가 가능했기 때문일 가능성이 크다.

유희경이 젊을 때에 부안을 지나면서 매창을 찾으니, 매창이

"유희경과 백대붕(白大鵬) 가운데 누구신지요?"

고 하였으니, 이렇게 하여 유희경과 매창의 인연은 시작된다.

이 시는 유희경이 매창을 처음으로 보고 읊은 시이다.

曾聞南國癸娘名 일찍이 남쪽의 계랑이란 이름 들었는데
詩韻歌詞動洛城 시와 노래 솜씨 서울까지 들린다네.
今日相看眞面目 오늘 진정 그대를 보니
却疑神女下三淸 문득 선녀가 하늘에서 내려온 듯하다네.

이에 매창과 의기투합하여 수 일간 시도 읊고 노래도 하며 사랑을 나누다가 이별하는 날이 오니 매창은 시조 한 수를 읊는다.

이화우(梨花雨) 흩날릴 제 울며 잡고 이별한 임
추풍낙엽에 저도 내 생각 하는가.
천 리에 외로운 꿈만 오락가락 하누나.

이렇게 하여 유희경은 28세라는 나이 차이를 극복하고 매창을 연인처럼 무척이나 사랑하였다. 어느 날 매창이 얼굴을 찡그리고 있는 것을 보고, 유희경은

"자신에게 선약(仙藥) 하나가 있어 고운 얼굴의 찡그린 흔적을 치료할 수 있다."

고 하면서, 사랑하는 사람에게만 그것을 주고 싶다고 하였으니, 찡그린 모습까지도 귀여워하며, 그녀를 달래주고자 하는 유희경의 마음을 엿볼 수 있다.

아래의 시는 유희경이 길을 가면서 애인 매창을 생각하며 지은 시이다.

一別佳人隔楚雲　고운 임 한 번 이별한 후 초운(楚雲)[153]에 막혀있으니
客中心緖轉紛紛　나그네 마음 어지럽게 바뀐다네.
靑鳥不來音信斷　청조(靑鳥)[154] 오지 않고 소식조차 끊기었는데
碧梧凉雨不堪聞　오동잎에 찬 비 내리는 소리 차마 듣지 못하겠네.

그 뒤에 유희경이 면천되고 벼슬을 하고 한양에서 지낼 때에 매창이 유희경을 찾아와 만나는데, 유희경은 이미 사대부가 되어 있었으므로, 매창을 애인으로 대하지 않고 다만 흘러간 로맨스로 여기었다고 한다.

이는 다시 옛적 애인인 기녀와 염문을 퍼트려서 세상에 물의를 일으키지 않으려는 것이었으니, 이는 어렵게 면천되고 관직을 얻어서 겨우 사대부의 반열에 진입했는데, 기생과의 염문이 나면 상당한 부담이 될 것을 염려한 촌은의 이성이 사랑의 열정적 감정을 제제하였음을 볼 수가 있다.

매창은 곧바로 부안으로 돌아가서 기녀로 살다가 37세의 많지 않은 나이에 요절하였다.

153 초운(楚雲) : 초나라의 구름이라는 뜻으로, 남쪽 구름을 말한다. 흔히 붕우 간에 오랫동안 멀리 떨어져 있으면서 서로 그리워하는 정을 표현할 때 쓴다.

154 청조(靑鳥) : 한무제(漢武帝)가 신선을 무척 좋아했는데 한번은 7월 7일 승화전(承華殿)에 있을 때 청조(靑鳥) 한 마리가 서쪽에서 날아와 전각 앞에 내려앉으므로 그 이유를 동방삭(東方朔)에게 물었더니, 동방삭이 "이것은 서왕모가 오려는 징조입니다."라고 하였다. 한참 만에 과연 서왕모가 오색 반룡(五色斑龍)이 끄는 뿌연 구름의 연(輦)을 타고 전각으로 왔다 한다. 《漢武內傳》

※ 사가(史家)의 말

유희경은 본래 효자이고 추진력이 있는 사람이다. 어렸을 때에 천인 신분으로 세상을 살아가는 것이 얼마나 어려운 것인가를 뼈저리게 느낀 바가 있는데, 마침 임진란이 일어나 국가에 공을 세울 수가 있었고, 그 공로로 면천(免賤)이 될 수가 있었다. 그 뒤에 관가에 입성하여 종2품인 가선대부에까지 이르렀으니 소기의 목적을 달성했다고 본다.

그러나 천인시절에 비록 조선의 명기(名技)와 사랑에 빠졌을지언정, 사대부가 되었을 때는 이미 나이가 많아 세상물정을 너무 많이 알기에, 다시 부안의 명기인 계랑과 염문을 풍기며 사랑을 이어가는 것은 커다란 부담이었을 것이다. 만약 매창이 서울로 찾아왔을 때에 유희경이 열혈청년이었다면, 분명 사대부를 던져버리고라도 매창과의 사랑을 이어갔을 것으로 본다. 그러나 이때는 이미 높은 고관이고 나이도 늙었기에 매창을 고이 부안으로 보냈을 것으로 사료된다.

조선시대에는 노비도 초서(草書)를 썼다

초판 인쇄 2020년 4월 3일
초판 발행 2020년 4월 10일

지은이 | 전규호
발행자 | 김동구
디자인 | 이명숙·양철민
발행처 | 명문당(1923. 10. 1 창립)
주　소 | 서울시 종로구 윤보선길 61(안국동)
우체국 010579-01-000682
전　화 | 02)733-3039, 734-4798, 733-4748(영)
팩　스 | 02)734-9209
Homepage | www.myungmundang.net
E-mail | mmdbook1@hanmail.net
등　록 | 1977. 11. 19. 제1~148호

ISBN 979-11-90155-38-0 (03900)
20,000원